U0855738

少男少女知多少

『青苹果』信箱

陈一筠 李黎红 主编

中国妇女出版社

图书在版编目（CIP）数据

少男少女知多少 ：“青苹果”信箱 / 陈一筠，李黎红主编. -- 北京 ：中国妇女出版社，2024.5
（“青苹果”家庭读书系列）
ISBN 978-7-5127-2379-5

Ⅰ.①少… Ⅱ.①陈… ②李… Ⅲ.①青春期－健康教育－问题解答 Ⅳ.①G479-44

中国国家版本馆CIP数据核字（2024）第068848号

责任编辑：张凌云
封面设计：末末美书
责任印制：李志国

出版发行：中国妇女出版社
地　　址：北京市东城区史家胡同甲24号　　邮政编码：100010
电　　话：（010）65133160（发行部）　　65133161（邮购）
邮　　箱：zgfncbs@womenbooks.cn
法律顾问：北京市道可特律师事务所
经　　销：各地新华书店
印　　刷：小森印刷（北京）有限公司

开　　本：165mm×235mm　1/16
印　　张：11.75
字　　数：130千字
版　　次：2024年5月第1版　　2024年5月第1次印刷
定　　价：49.80元

如有印装错误，请与发行部联系

编者的话

春姑娘摇响风铃，宣告花季到了，人生从此翻开了新的一页。祝福每一位步入花季的少男少女，拥有一个色彩斑斓的美丽春天！

生命因青春而绽放，花季充满生机与活力。“一年之计在于春”，没有春的播种，哪有夏的耕耘、秋的收获、冬的恬静？让我们赞赏人生的春天，珍惜青春的岁月！

可是，花季的天空并非总是阳光明媚，难免会有乌云和风雨。当青春体貌初展多姿的风采，成长的烦恼却搅扰着少男少女的心绪：昔日的那个“我”哪里去了？今日的“我”为何如此陌生？

面对身体急风暴雨般的变化，少男少女时而欣喜，时而忧虑。在困惑不安的青春体验与期盼中，他们多么渴望揭开青春的奥秘：女孩的身体为什么和男孩的不一样？月经是怎么回事？流血会不会伤身体？性冲动正常吗？性梦为何来袭？手淫是下流之举吗？我为什么喜欢上同桌的你？少年男女之间有纯真的友谊吗？种种疑问，在少男少女的内心翻腾不止，扑朔迷离。

面对敏感多疑的父母和忧心忡忡的老师，少男少女对种种问题难以启齿。原本以为无可非议的举动，却受到父母和老师的怀疑。有人因青春的迷惘寝食难安，心绪不宁；有人试图在医学书里寻找答案，但一大堆专业术语和迷宫般的图表使人不得要领；书摊上花花绿绿的报刊，多半讲些成年男女的悲欢离合，读来好不令人生疑。

我们是一群热心青春期教育的老师，作为少男少女的大朋友、过来人，既理解孩子们的苦衷，又深知肩负的责任。于是，我们发起了为青少年服务的“青苹果行动”：在国内首次开设了“少女课堂”“少男课堂”“青苹果家长学校”，设立了“青苹果咨询热线”“青苹果少男少女门诊”，还创立了全国第一个青少年性健康教育网站即中国青春期教育资讯网，编辑出版过《青苹果》杂志。

我们之所以做这些事情，是因为我们深知，生涩的“青苹果”正在成长为成熟的“红苹果”。在此过程中，他们既需要吸收足够的养料，又常常要抵御暴风雨的造访和病虫害的侵蚀，因此，培养与呵护“青苹果”，就成为园丁们的光荣使命。

《少男少女知多少——“青苹果”信箱》一书，主要回答青少年朋友在青春期生理、心理、两性交往及性保健方面的一些疑问。虽然它远远不能涵盖青春期的全部知识，但涉及了青少年及其家长们遇到的最普遍、最集中，也是最需要及时知晓的问题。

但愿此书能作为少男少女及其家长们的良师益友，伴随孩子们愉快地度过生命的春天，走向健康幸福的人生。

编者

2024年2月

CONTENTS
目 录

第 章 青春期生理健康知识

第2章 青春期心理健康知识

第 1 章

青春期生理健康知识

女孩初次月经如何应对?

男孩首次梦遗应如何应对?

……

女孩篇

女孩初次月经如何应对？

月经是女性成长过程中非常正常的生理现象，是青春期到来的重要标志之一。月经是女孩生理成熟的标志，代表子宫内膜受到雌激素刺激而发育了，也代表从子宫到子宫颈再到阴道的“通路”打开了。有了月经，表明少女在生理上具备了做母亲的能力。从这个意义上讲，初次月经是女性个体成长中具有里程碑意义的大事，女孩正在成长为“女人”。因此，女孩初次月经必须从生理和心理等各方面予以重视。

一、女孩初次月经必备的生理常识

根据相关统计，女孩第一次来月经平均年龄为12岁，大多在

10 ~ 16 岁，晚一点的在 17 ~ 18 岁。一般认为，如果在 16 岁时尚未来月经，就应该请医生进行诊断。如果 21 岁还不见月经，就属于病理情况了，需要及时就医诊治。

女孩初次月经有以下三个特点需要了解。

首先，初次月经后的一段时间内，月经通常并不规律，这是因为女孩卵巢功能还没有发育完善。从初次月经到正常的月经周期，通常需要两年时间。因此，女孩初次月经后，一段时间内月经周期不规律，不要误以为是病兆而服药，以免影响身体健康。

其次，大多数女孩的初次月经以及随后一段时间内的月经，并不一定伴有排卵；但临床上也有初次月经前一至二周排卵的罕见例子，此时如果有性生活，会导致怀孕。

最后，初次月经通常会在乳房开始发育后的两年内出现。如果乳房发育后超过三年仍未来月经，临床上称为“原发性闭经”，大约 30% 的情况与基因异常导致生殖腺机能较弱或生殖器官发育不全有关，在解剖学上也有处女膜闭锁导致无月经的状况。

此外，个体初次来月经有早晚，与遗传因素、身体的发育情况、健康状态、生活环境等有一定的关系。比如，引起初次月经提前的原因之一，是女孩吃了过多含有生长激素的食品；引起初次月经迟到的原因可能是体重过轻或过重，因为身体内脂肪比例过低或过高，都会影响卵巢的正常生理功能，造成初次月经迟来。

二、来月经后女孩身心保健常识

（1）月经是女孩身体发育的必然，是她们进入青春期的标志。月经期间伴随的腰酸、嗜睡、疲劳、乏力等症状均属正常现象，不必惊慌失措、忧心忡忡。

（2）来月经时应避免参与剧烈体育运动，如长距离骑车、跑步、打篮球、踢足球等，以免过度疲劳导致抵抗力下降，诱发疾病。

（3）经期内裤应每天清洗。因为此阶段身体抵抗力下降，如果不注意清洁卫生，极易引起细菌感染和发热。调查显示，来月经的女孩外阴瘙痒症的发病率比较高，其主要诱发因素与经期外阴不清洁和自慰有关。

（4）加强自我防护，使用质量过关的卫生巾，不要用消毒不严格的普通卫生纸和草纸来代替。

（5）注意休息，保证充足的睡眠。食用营养丰富、易消化吸收的食物，以利增强体质、恢复精力。

（6）避免接触冷水，不吃寒凉食物，注意保暖。

如何判断月经是否正常？

月经是否正常，一般可从以下四个方面判断。

一、月经周期

一般女性的月经周期是 28 ～ 30 天，但是也有少部分人少于或多于这个天数。只要有规律，均属于正常情况。由于月经周期容易受多种因素影响，所以提前或推后 3 ～ 5 天都属正常。尤其女孩初次月经时，由于卵巢刚发育，功能还不完善，所以会出现不规律情况，通常不是病理现象。

但如果月经失去了周期性，比如有时间隔 20 天，有时间隔 40

天，而且经常出现这种情况，或者月经来 1 ～ 2 天后就没了，间隔 10 多天又来 1 ～ 2 天，这都属于月经不调。

二、行经期

女性的月经期通常是 2 ～ 7 天。一般行经的规律是第一天经血不多，第二、第三天增多，以后逐渐减少，直到经血干净为止。这是因为第一天子宫内膜脱落刚刚开始，第二、第三天子宫内膜脱落增多，出血量也增多，子宫受到刺激，加强收缩，把大量经血排出的缘故。

有的人经血干净了以后，过一两天又来了一点儿，俗称“经血回头”，这也是一种正常现象，不是病。

但如果经期长达 10 ～ 20 天，月经淋漓不尽，或者经期极短，只是“一晃”即过，都是不正常的。

三、经血量

月经量的多少因人而异，一般是 30 ～ 80 毫升，每天换 3 ～ 5 次卫生巾都属正常。

青春期的女孩月经量较多，比较常见。其主要原因是在青春发育期，卵巢功能尚未完全发育成熟，此时的一部分月经属于无排卵性的。经血过多，也可能是精神过度紧张、环境改变、营养不良以及代谢紊乱等因素引起的功能性子宫出血。

经血长期过多会引起贫血。如果有面色苍白、乏力、头晕等症状，应查明原因，及时治疗。此外，青春期少女如果月经量过少，也应引起注意。有可能是因为子宫、卵巢不正常或全身性疾病引起的，也应及时就医。

四、经血颜色

正常的经血是暗红色的，血中混有脱落的子宫内膜小碎片、宫颈黏液、阴道上皮细胞，无血块。如果经血稀薄如水，仅有点粉红色或发黑发紫，或者经血完全是凝血块，都是不正常的，应及早就医。

女孩痛经的原因及应对措施有哪些?

痛经是女性特别是女孩最常见的健康问题。痛经最主要的症状是：月经来潮时小腹疼痛，一般发生在月经初来的前几天。疼痛的情况也不一样，常有酸痛、胀痛、坠痛、隐痛等，疼痛的程度也有轻重缓急之分。有的人还伴有恶心、呕吐、面色发白、手脚冰凉等现象。

痛经一般分为原发性和继发性两类。继发性痛经是来月经后多年没有发生过痛经现象，后来突然发生的痛经。这类痛经多发生在25岁以上的女性身上，一般是由生殖器官的疾病引起，这与青春期女孩关系不大。青春期女孩痛经大多属于原发性痛经，一般没有明显的器质性病变，且大多在初来月经后一年内发生。目前认为，引起少女痛经的原因主要与以下几个因素有关。

一、精神因素

疼痛是个体的主观感受，个体的痛觉差异性很大。对于来月经时同样程度的疼痛，有的人觉得能忍受，有的人精神紧张，痛觉敏感，感觉难以忍受。

女孩由于缺乏这方面的知识和体验，通常听别人说来月经时肚子很痛，就会产生恐惧、紧张心理，误以为每个人都会痛。所以来月经时，紧张心理加剧，她们在烦恼、抑郁、畏惧等情绪影响下感觉自己肚子痛。还有的女孩会产生联想，看见阴道里流出那么多血，就联想到其他外伤出血时的疼痛感，顿时就感觉肚子痛了，而且越害怕越痛。

女孩由于心理因素导致的痛经在痛经者中占的比例不小。因此，要缓解女孩痛经，一定要消除不良的心理暗示。

二、子宫内膜整块排出

月经期间，子宫内膜一般会成碎片后随经血一起排出，因为碎片体积小容易排出，故不觉疼痛。但有的女孩来月经时，子宫内膜较大块地从宫颈口排出，由于未婚女孩宫颈口比较紧而小，加上不注意保暖，子宫血液循环不畅，瘀血内阻，使子宫内膜不容易排出，子宫体必然加剧收缩，从而出现腹痛。直至整块内膜排出后，收缩才会缓解，腹痛才能消失。

三、子宫发育不完善

女孩的子宫发育尚不完善，如子宫肌肉和纤维组织比例失调，致使子宫产生不协调收缩而引起痛经。还有的女孩子宫颈管狭窄，子宫过度倾曲，以致经血流通不畅，刺激子宫剧烈收缩，发生痛经。

四、不注意经期卫生

月经期间剧烈活动、受寒凉、不注意饮食调节、吃了刺激性的食物、不注意个人卫生、心情抑郁等，都可能诱发痛经。

五、体质因素

医生们发现，有些女孩平常无痛经，可是在健康状况不良时，如贫血或患了某种慢性疾病时，就会出现痛经现象。

如果青春期女孩发生痛经，应该如何自我调节和应对呢？

一、注意保暖

如果疼痛不是很严重，可以喝些姜糖水，也可以采取热敷的办法。注意保暖，避免受凉，少吃辛辣生冷带刺激性的食物，多吃蔬菜水果，多喝开水，保持充足的睡眠。这样做基本上就可以缓解经期的不适。

二、适当活动

有的女孩来月经的时候只想躺在床上，不愿意活动，这是不对的。适当的活动有利于盆腔内的血液循环，盆腔充血减少了，腹痛自然会减轻。比如散步、慢跑、骑自行车等，都属于比较好的运动。当然，过于剧烈的活动是应该避免的。

三、积极暗示，自我调节

由于青春期女孩的痛经很多与心理因素有关，因此适当调节情绪、进行自我心理治疗就十分必要。月经前后，女孩应避免过度紧张，情绪尽可能放松。既然明白月经是一种正常的生理现象，那么采取既来之则安之的态度不失为一种明智的选择。

女孩经常爱犯的毛病是，知道这几天要来月经，就嘀咕着是不是乳房发胀、心情不好；来月经后就细细体会腰疼不疼、肚子难受不难受……也许有人不相信，来月经是会“传染”的。在女生宿舍常有这样的事：一个人来月经，她一念叨，所有的人都紧张，不管大家来月经的日子到了没有，就一个跟着一个地来了。这就是心理暗示在起作用。

四、注意经期卫生

月经不是病，但它确实会给女孩的生活带来诸多不便。因为，月经期间生殖器官局部的防御机能减退，阴道内的酸性环境易被冲淡，经血又是细菌大量繁殖的最佳培养基，细菌很容易侵入生殖器官。因此，女孩一定要做好经期保健，注意外阴清洁，养成早晚清洗的好习惯，保持外阴干燥。另外，要绝对保证经期用品的卫生。

（1）卫生巾要经常更换。最长不能超过 4 小时，时间一长，细菌就会大量繁殖。

（2）选择安全、合格的卫生巾，不要用破布、废纸、旧棉花之类不卫生的东西。

（3）选用卫生巾要注意出厂日期。不要用过期的产品，不要一次买太多，避免在保存时被污染。最好选用大包装内另有独立小包装的，这样比较干净卫生。

（4）不建议青春期女孩使用卫生棉条。卫生棉条要放入阴道内使用，最好保证无菌操作。

此外，一定要记好每次月经的日期，这样做可以知道自己的周期是否规律，也可以为下次月经的到来做好准备。

总之，无器质性病变的青春期女孩痛经，精神因素往往是主要的。只要消除精神上的恐惧、焦虑，增强体质，绝大多数痛经是可以不治而愈的。对于少数痛经很难缓解的女孩，疼痛发作时可在医生指导下用一些止痛药，或对引起痛经的疾病进行治疗。

女孩月经期应避免做哪些事？

一、体检

经期除了不适宜做妇科检查和尿检，还不适宜做血检和心电图等检查项目。因为此时受性激素分泌的影响，难以得到真实的数据。

二、拔牙

不要在经期拔牙。因为月经期间，子宫内膜释放出较多的组织激活物质，将血液中的纤溶酶原激活为具有抗凝血作用的纤溶酶，同时体内的血小板数目也减少，身体凝血能力降低。因此，经期拔牙不仅出血量增多、止血时间延长，拔牙后嘴里也会长时间留有血腥味，影响食欲，导致经期营养不良。

三、捶腰

腰酸腿胀时，我们经常通过捶打酸胀的肌肉来缓解不适。同样，不少女性在经期也会习惯性地捶打腰部来缓解酸胀。但经期这么做，却是适得其反。经期腰部酸胀是盆腔充血引起的，此时捶打腰部会导致盆腔更加充血，反而加剧酸胀感。另外，经期捶腰还不利于子宫内膜剥落后创面的修复愈合，甚至会导致流血增多，经期延长。

四、用热水或沐浴液过度清洗阴部

平日女性阴道内是偏酸性环境，能抑制细菌生长，但行经期间阴道会偏碱性，对细菌的抵抗力降低，易受感染。经期如果洗澡时顺便用沐浴液清洁阴部，或用热水反复清洗阴部，会导致碱性增加，容易引发阴部感染，导致瘙痒。因此，清洗阴部需要选择专业的阴部清洗液，尤其在经期。

五、性生活

这个问题虽然并不是多数女孩所要面对的，但女性应尽早了解。行经期间不能有性行为，包括经期即将结束的最后一两天。虽然经期最后一两天经血量明显减少，但由于宫颈仍处于微张状态，子宫内膜也没有完全修复，仍有创面，因此很容易被细菌侵入。经期性行为会刺激子宫内膜碎片游走到别处，很可能埋下子宫内膜异位的隐患，影响以后的生育。

六、饮酒

经期女性受体内性激素分泌影响，体内的解酒酶减少，不但饮酒易醉，更严重的是，为了制造出解酒酶来帮助分解酒精，会导致肝脏负担明显加重。因此，月经期间饮酒会对肝脏造成比平日严重的伤害，引发肝脏机能障碍的可能性增大。

七、长时间“K歌”

专业医师特别提醒，女性从来月经前两天开始就应该注意，不要长时间或高声唱歌。因为，经期女性声带的毛细血管也充血，管壁变得较为脆弱。此时如果长时间或高声唱歌，就可能因声带紧张并高速振动而导致声带毛细血管破裂，声音沙哑，甚至可能对声带造成永久性伤害，如嗓音变低或变粗等。

八、吃油炸食品

经期女性受体内分泌的黄体酮影响，皮脂分泌增多，皮肤油腻，同时毛细血管扩张，皮肤变得敏感。此时如果进食油炸食品，会增加肌肤负担，容易出现粉刺、痤疮、毛囊炎，还有黑眼圈。同时，由于经期脂肪和水的代谢减慢，此时吃油炸食品，脂肪更容易在体内堆积，造成肥胖。

月经停止是否表明怀孕？

有位女同学说和男友交往有两年了，男友曾多次提出性行为的要求，她都没有答应，她认为女孩应守住那道“关口”。但经不住男友的再三请求，不久前他们第一次有了性行为。她说当时非常紧张，并没有感到任何的幸福快乐，而且事后的惶恐也让她寝食难安。更要命的是，她的月经已超过十天没来，她还时常感到有些恶心，身体也很疲倦。她想知道自己是不是怀孕了。

其实，我们很能理解这位女同学的心情。但是她到底是不是怀孕了，我们还很难说。从她的来信中可以看出，她在和男友发生性行为时并没有采取避孕措施，这有可能导致怀孕。但月经没有准时来，并不一定就是怀孕了，当内心焦急、忧虑、情绪不稳定时，会造成内分泌紊乱，引起月经周期的改变。一旦焦急紧张的心情消失，月经可能就来了。所以，月经推迟也有可能是精神因素造成的。

所以，建议这位女同学尽快去医院检查，弄清情况。同时，尽量使自己保持冷静，克服不良心理情绪。

对于已经发生的事情，再追悔也没有用。即便是怀孕了，天也没有塌下来，还有进一步补救的措施。至于别人会怎么看、学校会怎么处理，这都不是最主要的，最主要的是考虑自己的身体康复及未来的身心健康。今后一定要接受教训，避免再发生这样的事情。

比起在意别人的眼光，更要看重自己的利益、需要、健康和未来。

恋爱中，男方常易产生性冲动，提出“你如果爱我，就应当无条件满足我的要求，否则就不是真爱”。其实，这说明他们自己并未认识到什么是真爱。真爱应对自己所爱的对象负责，使对方幸福快乐，绝不干有违对方意愿或伤害对方健康的事。爱是情感的寄托，绝不仅仅是性的需求。

反过来说，女孩也绝不能因为爱对方而迷失了自我，无条件地为对方“献身”。但无可辩驳的事实是，男女有性行为后，女方会比男方背上更沉重的思想包袱：一是社会舆论的影响；二是难以消除的负罪感以及对未来的担忧；三是一旦怀孕，会给自己身心造成严重伤害，甚至会成为心理上终生难以消除的阴影。

因此，即使男友是你的最爱，但他如果违背你的意愿，提出性要求，你也应该坚决说“不”。这不是伤害对方，而是对双方的未来负责，是为今后的幸福坚守原则。

女孩外阴瘙痒是怎么回事？

外阴瘙痒是妇科疾病中比较常见的症状，发生的部位多为阴蒂和小阴唇区域，严重的可涉及大阴唇、整个阴道口、会阴部、肛门，甚至大腿内侧。由于瘙痒难忍，因此让人十分痛苦和烦恼。

外阴瘙痒是一种症状，病因是多种多样的，常见的有以下几种。

一、不注意经期卫生

女孩来月经后如果不注意月经期的阴部卫生，经血和阴道分泌物可污染和刺激外阴而引起瘙痒，甚至发展为炎症。比如，女孩中少见的滴虫性阴道炎到了青春期便明显增多。女孩感染滴虫主要通过公共浴池、浴盆、浴巾、便器、与患者亲密接触等间接途径。如果不注意公共卫生和个人卫生，各种性传播疾病也会经间接途径引起感染并造成外阴瘙痒等症状，甚至还会导致更为严重的后果。

二、可能是全身性疾患的症状之一

有时外阴瘙痒也可成为全身性疾患的第一症状，如糖尿病患者的阴部霉菌感染，黄疸、白血病、贫血以及股癣、疥疮等其他皮肤病也可引起外阴瘙痒。这时都会伴有其他相应的临床表现，仔细问诊和检查后不难发现原发疾患。

三、由精神因素引发

如果过分将注意力集中于阴部，或因其他人谈论外阴瘙痒或搔抓时引起条件反射等，都可能造成外阴瘙痒。

为预防疾病发生，女孩应学习一些性知识，了解和认识自己身体所发生的种种变化；坚持和养成良好的卫生习惯，每天换内裤，清洗外阴，使用坐式便器前注意清洁。

如果发生外阴瘙痒症状，不要讳疾忌医，要及时诊治，千万不要自己乱用药。

女孩如何判断乳房发育是否正常？

伴随着乳房的发育，女孩会出现各种焦虑和担忧：有的女孩与同龄女孩相比，乳房发育得较丰满，尤其是在夏天，感觉好像自己做错了什么事，特别不自在。为了使乳房显得小一点儿，有的女孩不仅会穿着宽松肥大的衣服，还走路低头含胸，甚至节食、束胸。也有的女孩乳房发育迟缓，和同龄女孩相比胸部平平，会感到自卑，更不敢和同学们一起去游泳。有的特意买加垫的文胸，甚至想去做隆胸手术。

其实，女孩乳房开始发育的时间有很大的个体差异。有的女孩八九岁乳房就开始发育，而有的女孩要到 15 岁以后才开始发育。多数女孩的乳房发育在 10 ～ 13 岁。刚开始发育时，构成乳房的乳腺和周围的脂肪组织在乳头及其周围的乳晕处形成一个纽扣样的小鼓包，使乳头隆起、变大，而后乳头隆起更是明显，也渐渐变得更丰满，最后发育为成人的乳房形状。

同时，不仅乳房开始发育的年龄有个体差异，乳房发育的速度也因人而异。有些女孩乳房发育得晚些，但发育得较快；而有些女孩乳房发育得较早，但发育较缓慢。

乳房发育的早晚、大小除受体内雌激素作用以外，还受遗传、环境因素、营养条件、胖瘦、体育锻炼等多种因素的影响。比如，如果母亲的乳房较小，则女儿也大多较小，这是遗传因素的作用；比较胖的女孩，乳房也会更丰满，而体型较瘦的女孩，一般较难有丰满的乳房；乳房偏小还可能与发育的早晚有关。虽然乳房较小，但只要生殖器官发育及月经正常，就不会影响成年后的哺乳功能和生育能力。

一般来说，乳房发育早晚并不影响其今后发育快慢，也不影响成年后乳房的大小和形状，所以乳房发育晚些、小些的女孩不必担忧。

需要提醒女孩注意的问题包括如下几类。

一、乳房发育较早

这些女孩常常为此而难为情，因而设法刻意掩饰自己的胸部。有的为了掩盖较早发育的乳房，走路时低头含胸，或穿紧身衣束胸，结果限制了乳房和胸部轮廓的正常发育。束胸的做法会压迫乳房，使乳头凹陷、乳腺发育不良，甚至造成将来泌乳和哺乳的困难，也容易引起乳房疾病。还有通过减肥来限制乳房发育的做法则更不科学。

二、乳房发育过迟

需要特别注意，如果来月经后 3 年以上乳房还没有开始发育，就需要到医院检查一下，请医生诊断以便采取对策。

三、乳房发育不对称

有些女孩的乳房在发育过程中，会出现左右发育不对称现象，这是左右乳房对雌激素的反应不一致、腺体增生活跃程度不同所致，属正常现象，待到发育成熟时，两个乳房的大小就会一样了。但是，女性成年以后，如果两侧乳房大小相差悬殊，就应该去医院检查。

女孩乳房保健应注意哪些问题?

青春期乳房的发育标志着女孩开始成熟，隆起的乳房也体现了女性成熟体形所特有的曲线美和健康美，并为日后哺乳婴儿准备了条件。因此，乳房的保护与保健是女孩青春期卫生的重要方面。

乳房发育过程中出现的一些现象可能引起女孩的困惑和不安，例如是否穿文胸、乳房发育不良、乳房过小或过大、两侧乳房不匀称、乳房畸形、乳房肿块等问题。以下问题需要注意。

一、女孩不要束胸

束胸对女孩的发育和健康有很多害处：

（1）束胸会对心脏、肺部和大血管产生压迫，从而影响身体内脏器官的正常发育。

（2）束胸会影响呼吸功能。正常情况下，胸式呼吸和腹式呼吸两种呼吸动作协调配合进行，才能保证人体正常的气体交换；而束胸影响胸式呼吸，使胸部不能充分扩张，肺组织不能充分舒展，吸入空气量减少，从而影响全身氧气的供应。

（3）束胸压迫乳房，使血液循环不畅，从而产生由乳房下部血液瘀滞所引起的乳房胀痛等不适，甚至造成乳头内陷、乳房发育不良，影响健康与美观，也造成将来哺乳困难。因此，女孩一定要做好乳房保健，不要束胸。

二、选戴合适的文胸

女孩乳房发育基本定型后，要及时选戴合适的文胸。

尽管乳房发育的个体差异性较大，但大多数女孩的乳房发育会在15岁左右基本定型。一般情况下，可用软尺从乳房上缘经乳头量至下缘，上下距离大于16厘米即可戴文胸。

文胸对女孩来说不是一种装饰品，而是必备的保健用品。戴文胸不仅显示出女性的体形美，更重要的作用是：

（1）支托乳房，防止下垂。

（2）预防乳房下部血液瘀滞引起的乳房疾患。

（3）减轻心脏的局部压力，促进心脏血流循环畅通，有利乳房发育。

（4）减轻由于体育运动或体力劳动造成的乳房振动，还可避免乳房受损伤。

（5）保护乳头不受擦伤或碰痛。

（6）在秋冬季，文胸还有保暖作用。

文胸的选戴不可掉以轻心：

（1）要选择尺寸合适的，不要使乳房有压迫感，大小一般以罩住乳房为宜，使文胸与乳房形成一个严密的整体，佩戴后要感到舒适而无紧束感。

（2）要根据身体发育成长中的胖瘦变化随时更换文胸，千万不要片面追求体形美而勉强戴不适合的文胸。

（3）文胸的质地要柔软吸水，要勤洗勤换，保持清洁，晚上睡觉时把文胸取下。

（4）戴文胸要养成习惯，无论春夏秋冬，持之以恒，坚持到老年。

三、乳房的卫生

青春期女孩由于内分泌的原因，每当月经周期前后可能有乳房胀痛、乳头痒痛等现象。千万不要随便挤弄乳房、抠剔乳头，以免造成破口而引发感染。要保持乳房的清洁卫生，经常清洗乳头、乳房及文胸。

四、乳房健康自查

（1）乳房包块的自查。青春期女孩真正有乳房包块的现象并不多见。乳房主要由乳腺组成，有结节感，有时自己感到有乳房包块时不一定是包块，需要经医生检查后才能确定。但女孩应学会自查乳房，自查的最佳时间是每月月经过后。

自查乳房时应当全身放松。检查分两部分：一是查看乳房外观有无变化；二是触摸乳房是否有包块，并且挤压乳房看有无分泌物出现。经常自查乳房是终身受益的好习惯，可及时发现乳腺有无疾病。

（2）乳房发育状况自查。如果出现乳房过小或过大、双侧乳房发育不均、乳房不发育、乳房畸形、乳房包块等现象，不必惊慌失措。一是可通过健美运动促进胸肌发达，使乳房显得丰满；二是可在医生指导下进行适当调治。女孩要到身体发育定型、性发育完全成熟后才能确定乳房是否发育不良，不要过早下结论。

五、日常生活中的注意事项

（1）避免外伤。乳房处于人体的突出部位，若不注意，容易受到外力碰撞，使肌肉组织受伤。同时，睡觉时应尽量避免挤压乳房。

（2）挺胸直背。女性的背部直挺大多与乳房的健美有着极为重要的关系，当你走路保持背部平直时，乳房自然挺起突出，坐与立时也应挺胸抬头。

（3）洗澡得法。不要在过热的水中长时间浸泡，以免使乳房的软组织松弛。

（4）多做运动和深呼吸。比如，如果喜欢游泳，就应坚持下去，因为无论水中的运动还是水对乳房的“按摩”，都会使胸肌均匀发达，使乳房更美、更健康。每天早晨或晚上做数次深呼吸，这样可使胸部得到充分的发育，也会促进胸肌的发达。

（5）避免挑食。一些女孩为了保持身体曲线美，刻意挑食，忌食肉类，专吃素菜。其实吃些肉类和乳制品，可保持乳房的丰满。

处女膜是什么？有何作用？

处女膜位于阴道与阴道前庭的交界处，是掩盖在女性阴道口、中心有一小孔的一层薄膜。处女膜的中间有不规则的处女膜孔与阴道相通，月经就是从这个孔流出的。处女膜的形状、大小和膜的厚薄因人而异，一般为半月形或环形。

婴幼儿时期处女膜较厚，可以阻拦细菌的侵入，起到保护女性生殖系统的作用。青春期后，女性的生殖器官逐渐发育成熟，阴道具有一定的抵抗细菌入侵的能力，处女膜就逐渐变得薄弱，也就失去了这一作用，所以对于发育成熟的女性来说，处女膜已经不存在婴幼儿时期的生理功能了。处女膜在初次性行为时会破裂，并伴有轻微的疼痛和极少量的出血。

在封建社会，男人把女人视为私有财产加以控制或占有，常以妻子处女膜是否完好来作为判断其是否贞洁、是否有价值的标准，把处女膜同“贞操”联系在一起，因此过分重视女性的处女膜，甚至要求在新婚之夜要“见红”等。这种陈腐的封建观念导致了很多无辜女性的悲剧。

由于青春期之后的女性处女膜随着功能退化变得很脆弱，在不知不觉中破裂的机会也很多。比如，骑车、骑马、打球以及舞蹈大动作等运动，都可能导致处女膜破裂，而且破裂时很多人根本感觉不到。除此之外，有的女孩处女膜开口很大，即使发生性行为也不会破裂；还有的女孩生来就没有处女膜，或处女膜开口不止一个。所以，不能简单粗暴地以处女膜是否完整来判断女性是否“贞洁”。我们提倡女孩应该洁身自爱，是出于维护女性生殖健康的需要，与处女膜无关。处女膜自然破裂或缺失，都是很正常的现象，完全没有必要担心，更没有必要为此而放弃运动。

如何应对恼人的青春痘？

到了青春期，很多孩子脸上长出一颗颗红色的小疙瘩，俗称“青春痘”，有时一大片聚集在额头上，经常发痒，既难看又难受。有人就忍不住采取“严厉打击”的手段，把它们统统挤出白色带油性的核，但不久又会长出新的来。“野火烧不尽，春风吹又生”，这令青春期男孩女孩十分烦恼。其实，青春痘是青春年华的象征之一，它是青春之树上长出的虽不美丽却暂时无法消除的枝条。

青春痘的成因，主要是孩子青春期大量性激素的分泌，导致皮脂腺分泌增多引起的。皮脂的好处是使皮肤光洁并富有弹性；坏处是过多的皮脂会堵塞毛孔，导致不同程度的毛囊炎，形成青春痘。用手挤掉青春痘的方法不可取。用手去挤，手上的细菌很容易引起皮肤感染，使青春痘进一步扩散，抓破后容易在脸上形成疤痕。尤其是生长在鼻下、唇上和双侧鼻唇沟间“危险三角区”的青春痘，千万不要抠挤！因为这些地方有丰富的血管直通颅内，如果用手去抠挤青春痘，弄破皮肤和血管，使细菌侵入血液，顺着血管流进颅内，就会形成脑内海绵窦血栓或引起脑炎，严重的会危及生命。

为减少青春痘的困扰，男孩女孩应注意以下几个方面。

一、饮食上注意合理的营养

应少吃肥肉、猪油、糖和辛辣刺激性食物，多吃蔬菜、水果等清淡食物，且不宜饮酒和抽烟。不要暴饮暴食，保持消化道的通畅。

二、保持面部皮肤的清洁卫生

一般每日洗脸 1 ~ 3 次。多用温水和碱性小的洗面奶、肥皂清洗面部，最好不要用油脂或含油护肤品擦脸。额头上的青春痘与头发油腻有很大关系，要经常洗澡，勤洗头，阻断头发的油脂向面部皮肤输送，使毛孔保持开放。

三、保持良好的情绪、充足的睡眠

如果情况过于严重，青春痘连接成片，可以到医院寻求帮助，请皮肤科医生检查治疗。请相信，青春痘不会伴随一生，它只是一种暂时性的青春旺盛期反应，随着青春期的度过，体内激素分泌趋向稳定，皮肤自然会变得光洁如初。

如何保持健美体形？

近年来，青少年的肥胖人数逐年增加。肥胖主要分两类：一类是由各种疾病引起的病理性肥胖，多与遗传因素有关；另一类是由于营养失调和运动量过少而引起的单纯性肥胖。青少年的肥胖多为单纯性肥胖，绝大多数是饮食习惯不当以及营养过剩所致。

肥胖对青少年健康十分不利。不仅表现为体态笨拙、行动不便，而且也是导致成年期发生原发性高血压病、冠心病、糖尿病、高脂血症等疾病的危险因素。

预防青少年肥胖，应注意做到以下两点。

一、合理饮食

一般原则是早饭吃好、午饭吃饱、晚饭吃少；定时、定量进食，不偏食。既要摄取足够的营养以保证身体需要，又要注意适当节制食量。应以高蛋白、低脂肪、新鲜蔬菜水果、含有维生素及矿物质的食物为主，少吃甜食、零食、油腻食品。吃饭时要细嚼慢咽，不暴饮暴食。

二、积极参加体育锻炼

保持适度的活动量，消耗多余热量，以避免体内热量过剩转变为脂肪积聚起来而形成肥胖。

目前在青少年中，尤其是在女孩中间，很多人都觉得自己身材较胖，为了减肥采取不当的节食措施，为了体形苗条不吃早点或不吃有营养的肉、蛋类食物，导致头发枯黄，精神倦怠，脸色晦暗无光。有的甚至乳房停止发育，月经也不再来了，被诊断为营养不良性发育迟缓。

通过临床观察发现，长期处于饥饿状态或营养不良，可出现垂体功能不全的症状。首先促性腺素受到抑制，继而性腺功能减退或停滞、生殖器萎缩及生育功能降低。长期营养缺乏可导致女性内分泌系统功能障碍而诱发闭经。女性闭经后，如果长期得不到恢复，会影响子宫、卵巢的正常发育，导致今后生育困难或失去生育能力等，应引起女孩的足够重视。

女孩为什么不宜穿高跟鞋?

女性穿高跟鞋，会使重心前移、挺胸收腹，显得健美、轻盈，风姿绰约。但不是每一位女性都适合穿高跟鞋，尤其是20岁之前的青春期女孩。

一、女孩穿高跟鞋会影响骨盆环的正常结合，导致骨盆畸形

处于发育阶段的女孩，骨结构中软骨成分较多，骨组织内含水分和有机物多，无机盐少，骨质柔软，极易变形。

骨盆是人体传递重力的重要结构，由骶骨、尾骨、左右髋骨、韧

带和关节结合而成的一个骨环。这个骨环的结合过程一般从 7 岁开始，到 25 岁基本定型。穿平底鞋时，全身重量由全足负担，骨盆负荷正常。穿高跟鞋时，全身重量主要落在脚掌上，会破坏正常的人体重力传递负荷线，使骨盆负荷加重，容易引起骨盆口狭窄，还可能使骨盆产生不易察觉的转位，给女孩成年后的分娩带来困难。

二、女孩穿高跟鞋会引起足部形态发生改变

人足骨的发育成熟一般在 15 ~ 16 岁。鞋的大小直接影响足骨的生长。过早地穿高跟鞋会使足骨按照高跟鞋的角度完成骨化过程，容易形成跖趾关节变形、跖骨骨折及其他足病，这些病都会引起足部疼痛，严重时可影响行走、活动。

青春期的女孩不宜穿高跟鞋，特别是那种高 7 ~ 8 厘米的高跟鞋。从生物力学的角度看，女性平时以穿坡跟鞋或跟高不超过 3 厘米的鞋为宜。

医生有权过问女孩隐私吗？

有一个 15 岁的女孩来信，说她到医院去看病时，医生批评她不应该化妆。在询问病情的过程中，医生提的好多问题让她感觉很难堪，羞于回答。第一次去看妇科病就对医生产生了非常不好的印象。她问，医生有权干涉自己的隐私吗？

其实，医患之间是一种特殊的关系。当我们去医院看病时，医生针对病情提出的问题，是出于职业的需要，也是全面了解我们健康状况所必需的，并不存在通常意义上侵犯隐私的问题。

医生在看病过程中，确实遇到有些前来就诊的女孩，由于对某些问题认识不足或缺乏知识，不说实话，使医生不能及时作出正确的诊断，有的还险些发生严重的后果。曾经有一位 14 岁女孩来就诊，她腹痛剧烈，表情痛苦，可是她那浓浓的眼影、脂粉和口红掩盖了疾病引起的面部征兆。在询问病史及身体检查过程中，医生怀疑她患有“宫外孕”，可是病人及其家长否认她有过性生活及停经。血液检查发现血红蛋白及血压均在临界点，加之她年龄小，又看不出明显贫血状况，致使医生当时未能果断地诊断为“宫外孕”，只以“腹痛待查”留观 14 小时。这期间，女孩的血压发生了急剧变化，于是医生对她做进一步的腹部 B 超及腹腔穿刺检查，这才确诊为“宫外孕”，紧急施行手术，才没造成更严重的后果。

这位女孩的“宫外孕”未能及时被诊断，虽然原因是多方面的，但她浓艳的妆容、向医生隐瞒事实等情况，毫无疑问起到了掩盖病情的作用。因此女孩们就诊时，切不可化浓妆、不可隐瞒病情，向医生提供虚假信息。

不少女孩对妇科检查谈虎色变。她们之所以害怕是因为羞涩，还担心妇科检查会损伤处女膜。其实，女孩害怕妇科检查会损伤处女膜的顾虑是多余的。未婚女孩上医院看妇科，一般都不做妇科检查。确因病情需要，必须检查时，也不做阴道检查，而以肛门检查代替，以了解子宫及其附件的情况。

身体健康检查需要检查阴部时，也是很严肃的事，事关本人的健康，女孩们不用羞涩，不要害怕妇科检查，不应隐瞒与疾病有关的隐私，以免延误病情，令身心健康受到不应有的损失。

同时，我们也不得不强调，看病时医生的提问应是围绕病情的，如果与病情无关，我们可以拒绝回答。如果怀疑男性医生有不良企图，我们可以表示自己的疑问，或要求更换医生，或要求家长在场，这也是女孩应当行使的权利。

男孩篇

男孩首次梦遗应如何应对?

一般来说，男孩比女孩发育得晚些，进入初中后有较为明显的变化，如身体快速长高、做梦遗精、变声、长出喉结等。男孩应该尽早了解遗精等青春期的性卫生常识，坦然接受这一发育过程中的自然生理现象，避免因为无知而产生心理上的困扰或恐慌，或因处理不当影响身体健康。

男孩遗精一般有以下三方面的原因。

一、精满自溢

男孩发育进入青春期后，睾丸不断产生精子，精囊腺和前列腺也不断地产生分泌物。精子和分泌物在体内贮存到一定量时，精液会自动地从尿道排出来。

二、身体局部刺激

男孩内裤过紧、被子太重太厚、趴着睡觉、生殖器受到刺激等都是遗精的诱因。另外，生殖器官疾病，如尿道发炎、阴茎龟头炎或包茎、包皮过长均可导致遗精。

三、性活动情景的刺激

男孩看了描写性活动的小说、视频或电影，使思想过分集中在性的情景上，导致睡眠时遗精。有自慰的习惯也易导致遗精。

其实，男孩每月有 1 ～ 2 次遗精是正常现象，不会影响身体健康。如果遗精过于频繁，每月多次甚至 1 ～ 2 天就遗精一次，则应及早寻求医生等专业人员的帮助。

梦遗有害健康吗？

很多青春期男孩因睡梦中遗精问题而烦恼，不知道这种现象是否有害身体健康或者担心自己做错了什么而背负思想包袱。其实，90%以上的男孩都会有梦遗经历，这是男孩性发育趋于成熟过程中非常常见的现象。

一、梦遗的原因

首先应“归功”于男性体内的性腺。性腺发育成熟后，睾丸里开始产生精子，加上前列腺和精囊腺等分泌的液体，组成精液，达到一定量后，体内无处可容，就会以遗精的方式排出体外。有的是在白天清醒状态下无意识地溢出；有的是生活中因某种事情的刺激，如比赛、考试，感到紧张而发生；也有的是在梦中发生。大部分遗精是在晚上做梦时发生，梦境则多与性有关。

在媒介发达的今天，人们接触性刺激的机会大大增加。青少年在清醒的时候，能够用意志控制自己。但是一旦进入梦乡，自我控制的力量就变得非常薄弱，此时最隐秘的内在欲望就会凸显出来。

二、梦遗的个体差异

并不是所有的男孩都有梦遗。是否遗精，遗精发生的早晚、频度，因人而异。

一般来说，男孩在 14 岁左右可能出现遗精现象。也有极少数的人终生都没有遗精，但他的性器官发育是正常的，后来的婚育也都没有问题。有的人一星期有数次遗精，但只要身体没有感到不适，也没有问题。有的人一段时间遗精较多，然后数月没有遗精，这也完全正常。

遗精的早晚也和地域气候有关。南方的孩子较北方的孩子普遍稍早成熟，遗精的年龄也要稍早一些。此外，营养条件好的孩子又比营养较差的孩子成熟早一些。

三、避免梦遗引发的尴尬

梦境往往很荒诞。很多青少年都有过这样的经历：有时白天从没有想到的人会在梦中出现，从未发生过的事也有可能在梦中发生。所以，不能把梦境当真。

某中学曾经发生过这样一件事：一个男孩梦见自己和同班的一个女同学发生了性关系，他把这件事告诉了他的好朋友。结果一传十、十传百，传来传去变成了这个男孩和那个女生“发生了性关系”，致使那个女生处于非常尴尬的境地，遭受很多人的非议和背后的指指点点。

因此，提醒青春期的孩子：生活中每个人都有自己的隐私，性梦就属于隐私。梦中的内容自己一个人知道就好，没有必要告诉别人，否则会给自己和别人招来麻烦。保留这类隐私，是对自己和别人的尊重。

如果青春期男孩频繁刺激性器官而遗精，或无节制地接触与性有关的内容或物品，导致过分的性兴奋、频繁梦遗，会让自己精神萎靡不振、思想混乱、身体疲乏，那就有害身心健康了，应及时进行矫治或干预治疗。

“一滴精十滴血”的说法正确吗？

民间流传着一种说法：一滴精十滴血，损失精液，大伤元气。实际上，我们分析一下精液的成分，就可以明白精液并不是什么特殊宝贵的东西。

精液中的成分主要包括精子和精浆，精浆的成分与血浆相比没有太大差异。正常男性每次射出的精液，精浆占95%以上，精子占不到1%。

精浆的主要成分是水，占90%以上，其他成分有脂肪及蛋白质颗粒、色素颗粒、前列腺液的磷脂小体、胺类、游离氨基酸、各种酶、乳酸、果糖及无机盐等，与血浆成分大同小异。精浆是精子运载物，可以起到中和、缓冲和保护精子的作用。精浆中含丰富的果糖、山梨醇等，为精子运动提供了“取之不尽，用之不竭”的营养物质。

每个男性的睾丸每天能够产生几千万甚至上亿个精子。这些精子即使不排出体外，也会老化、死亡，最后被酶消化。检查发现，一些长期禁欲的男性精液中精子数目不少，每毫升可达 2 亿个精子，但是活动率却不佳，精液中的白细胞数也超出正常数量。

精液并不像人们想象中那么宝贵，没有必要为遗精、自慰时排出精液而顾虑重重。

从未遗精的人有生育功能吗？

遗精是男性一种正常的生理现象。一般来讲，进入青春期后的男性每月遗精次数可为 1 ～ 4 次。

遗精并非有规律地发生。同一个人，不同时期的遗精次数可以不等，有时可连续几天都有遗精，有时可能很长一段时间都不遗精。但只要每月遗精次数在一定范围内，均可认为是正常的。

因为遗精的发生是与一个人的发育状态、健康状况、营养水平、周围环境和性欲要求等因素有关，因人而异。

人群中，的确有少数青年从未发生过遗精，甚至到了适婚年龄也尚未遗精过。这类人只要身体健康，性器官及第二性征正常，其生育能力也是正常的，不必过分担心。但如果睾丸等性器官有什么异常的话，则应到医院泌尿外科或内分泌科等做检查。

包皮过长怎么办？

男孩的阴茎还没有发育时，包皮都比较长，龟头一般不外露，而包皮过紧也会影响龟头外露。不过男孩的包皮紧是常见的事，只要排尿不受影响，随着年龄的增长，会自然好转。

值得注意的是，无论包皮长，还是包皮紧，都会使尿碱和包皮垢在凹陷处存留，成为细菌滋生的温床。若不能及时将包皮上翻清洗干净，可致包皮和龟头发炎，即包皮龟头炎。炎症反复发作，就可能形成后天获得性包茎。包茎的包皮囊内积存的包皮垢往往无法清洗，久而久之形成结石。结石的刺激会引起包皮、阴茎头溃疡等。男孩要经常用温水清洗阴部，清洗时要将包皮尽量上翻，对缝隙处要认真清洗，以免细菌感染。

如果到了青春期，龟头还未外露，就应该到医院检查是否属于包皮过长，以便决定是否需要做环切手术。包皮环切手术并不复杂，只需局部麻醉，门诊即可解决。阴茎的血液循环好、生长快，术后卧床休息两三天即可恢复。

一、包皮是否过长的判断标准

判断包皮是否过长，要看其是在阴茎头冠状沟以内还是以外。在阴茎正常疲软的状态下，通常有五种情况。

（1）包皮口位于冠状沟内，属于正常。

（2）包皮口接近尿道外口，但能轻易地上翻至冠状沟，为包皮稍长。

（3）包皮口超过尿道外口，能不困难地上翻至冠状沟，为包皮过长。

（4）包皮口超过尿道外口，且因包皮口过小而使包皮不能上翻至冠状沟，即包茎。

（5）包皮内层与阴茎头之间粘连（常因炎症引起）而使包皮不能上翻，无论包皮口是否超过尿道口，都视为包茎，通常称之为假性包茎。

二、建议做包皮环切手术的情况

（1）包皮过长而包皮口过小，虽能勉强上推露出阴茎头，却使包皮紧贴在阴茎冠状沟处，不能下推，形成嵌顿，且手动复位困难。

（2）小儿包茎妨碍排尿。

（3）反复发作的包皮龟头炎、湿疹以及结石。

睾丸为什么不见了?

正常的睾丸有两个，在阴囊里，垂在体外。睾丸对温度的要求很严格，最合适的温度是 35℃，冷了它就上提到离腹壁近些的地方以便于保暖，再冷就缩到腹壁内。相反，热了就通过阴囊的松弛使睾丸下垂，离腹壁远些便于散热。这是正常的睾丸收缩，不需要治疗。

有些男孩的睾丸一直埋在肚皮内或大腿内侧的脂肪中，再热也不能下垂到体外，这就是隐睾。隐睾最好在 9 岁之前用手术的方法将其推出，固定在阴囊中。否则，发高烧时，睾丸不能脱出，会影响发育，严重者会使睾丸失去功能，或引发睾丸肿瘤等疾病。

男孩一定要关注睾丸健康。

一、莫穿紧身裤

有些男孩习惯穿紧身裤，将睾丸紧紧地贴于身体，这是对睾丸的虐待，会严重影响睾丸发育，尤其在发烧或剧烈运动体温增高时，损害更为严重。男孩平时内裤松紧要适宜，运动之后应宽衣解带尽快散热，以免影响睾丸的健康发育。

二、避免运动损伤

男孩在运动或与同伴打闹时，要避免自己的睾丸、阴茎遭受剧烈的撞击和踢打。正处于发育期的生殖器官还比较稚嫩，稍不注意，就会受伤。严重的损伤会影响今后的生殖功能。男孩一定要格外小心保护自己的生殖器官。

三、养成每天清洗生殖器官的习惯

由于男性阴囊、阴茎皮肤褶皱多，汗腺发达，新陈代谢旺盛，身体的分泌物也较多。如果穿化纤内裤，通风不良，汗液、尿液、粪渣等残留在内裤上，容易引起感染。养成每天清洗的习惯，保持阴部的清洁，可以避免会阴及生殖器官疾病。

在清洗生殖器官的过程中，盆、毛巾一定要专用，不要和洗脚盆、洗脚毛巾混用，避免交叉感染。同时要勤换内裤，内裤最好选择棉织品。平时不要用手随便搔抓阴部，以避免细菌感染。

四、隐睾辨别方法

是否患了隐睾症，男孩自己也可以做初步检查来判断。在洗热水澡时，阴囊泡在温热的水中，睾丸会自然而然降到阴囊末端，这时最便于摸到阴囊里是否有睾丸。

睾丸时常疼痛是怎么回事?

睾丸疼痛通常可分为以下两种情况。

一、急性的持续疼痛

这种疼痛多见于睾丸炎和损伤。睾丸炎除血液感染外，常见的是细菌经尿道行至附睾和睾丸，造成附睾炎、睾丸炎，临床可见附睾与睾丸肿胀和疼痛。睾丸损伤时会有局部的肿胀及瘀血。剧烈运动或房事、暴力等都可引起提睾肌的强烈收缩，从而使系带过长的睾丸发生扭转并引起睾丸的剧痛。由于睾丸扭转后阻断了睾丸的血液供应，所以睾丸除剧痛外，还伴有阴囊肿大、皮肤水肿。相对来说，急性疼痛的诊断比较容易。

二、慢性的经常性疼痛

这种疼痛痛感较轻、泛化，具有放射性，所以不容易判断炎症的确切部位。睾丸的疼痛不一定与炎症的轻重程度成正比，有些人的神经敏感程度很高，轻度炎症就可引起较严重的疼痛感；而有些人比较迟钝，痛感轻。有的疼痛发生在性生活之后，这可能因性兴奋使生殖器和生殖腺高度充血所致。有的疼痛系精索静脉曲张或其他部位的疼痛放射而来，如输尿管结石引起的睾丸放射性疼痛。这时就要由医生仔细鉴别真正的原因，以便有效地对症处理。

造成睾丸疼痛的具体原因因人而异。有些人稍有不适或根本没有不适也能诱发睾丸的疼痛，这完全是精神作用。有些人则把疼痛与自慰联系起来，整天背着沉重的思想负担。殊不知，过度焦虑反而会造成精神性阳痿等性功能障碍。

睾丸疼痛的治疗应在确定其病因的基础上进行。一时查不出原因，则可做镇静和止痛的对症处理。千万不要乱用药，最好及早找专科医生诊治，以免贻误病情。

睾丸外皮瘙痒怎么办?

很多人都知道女孩隐私部位的清洗保护非常重要，至于男孩，许多人认为没必要那么在意。这种观点是不对的。比较多发的男孩睾丸外皮瘙痒，很多也是平时不注意卫生引起的。男孩应该养成保持外生殖器卫生的习惯，要做到以下几点。

一、做好清洁，保持阴茎卫生

男孩的包皮通常是盖住阴茎头的，随着青春期发育的开始，阴茎上的包皮会逐渐向上退缩，慢慢露出龟头。在这一变化过程中，阴茎头部冠状沟内很容易聚积污垢，形成“包皮垢”。包皮垢是细菌良好的栖息之地，很容易导致包皮和阴茎头发炎，这种炎症甚至和阴茎癌的发生也有一定程度的关联。所以男孩应经常清洗阴茎，将包皮往上推送，用温水清洗。每次遗精后，不但需要换内裤，还应及时清洗阴部。

二、选择舒适的内裤

睾丸需要处于略低于体温的环境中。男孩内裤最好选用透气性好的棉纺织品，应略微宽松，切忌在平时穿游泳裤。如果内裤过紧，长期将睾丸贴紧身体，容易影响睾丸的生精功能，影响日后的生育能力。

三、注意运动状态下的睾丸保护

睾丸是男性的重要器官，它十分脆嫩，又因为露在体外比较容易受到伤害，因此要十分小心。男孩天性喜欢运动、跑跳打闹，除了要随时注意保护好自己的生殖器外，同时也要谨记，千万不要踢打他人的外生殖器部位。

四、如果发现生殖器异常，要及时就医

青春期男孩生殖系统的疾病主要有两类：一类是泌尿生殖系统的先天畸形，如阴茎畸形、异位尿道、隐睾症等；另一类是泌尿生殖系统的常见疾病，如肾上腺增生症、前列腺炎、包皮过长或包茎、包皮炎等。如果发现生殖器异常，要及时到正规医院泌尿科检查诊治，千万不要乱用药物。

阴茎多大算正常？

多数男孩都很关心自己的阴茎是否“够大”。不少人承认曾经偷看过别人的阴茎，常有自己阴茎“小”的感觉，这是较普遍的困惑。作为原始“男性生殖器崇拜”的心理再现，阴茎似乎变成了雄性力量的象征，部分男性非常在意自己的“装备”是否强大。其实，绝大多数人的担心是多余的，过于担心自己的阴茎大小是毫无必要的，也是自寻烦恼。

有一项对 10000 名男性阴茎大小的统计调查表明，较小的阴茎勃起后呈现成倍的增大；而较大的阴茎勃起后的增大只在 20% ~ 30% 之间。勃起后阴茎的大小在统计上并没有显著差别。

有专家提出，成年人阴茎在疲软状态下短于 4 厘米，勃起后不超过 8 厘米的，可视为阴茎短小。但这与尚未完全发育的孩子的阴茎不能混为一谈。一般男孩在 11 岁之后睾丸和阴茎才开始发育，也有人到 15 岁左右才发育。

阴茎发育成熟后的大小与发育的早晚和身高、体重、体质强弱没有直接关系。不要以为体格越壮、身材越高，阴茎就会越大。骨架粗大、肌肉强壮，并不等于阴茎也大；骨架细小或偏瘦弱的人，其阴茎在疲软状态下也并不一定小。在人体所有器官中，阴茎与整体发育的比例关系最小。

真正的小阴茎在男性中所占的比例很小。医学上，只有成年后阴茎长度小于 4 厘米的才能诊断为小阴茎。小阴茎多半是由体内器官异常或内分泌疾病引起，比如，睾丸病变引起睾丸机能低下，从而导致睾丸分泌雄激素的障碍，这是引起阴茎畸形的关键因素。临床上，阴茎畸形的病例比较罕见，主要以原发性睾丸机能低下所致，故此病症属于阴茎先天性异常范畴。

如果仅为阴茎稍微短小，而不伴随睾丸及第二性征的不发育，就不是真正的阴茎畸形，自然也就不会对性功能造成影响。在某些情况下，如肥胖或阴囊肿胀，阴茎可能显得很小，此时不要误认为是阴茎畸形。

值得提醒的是，有的青少年为了促使阴茎生长而从各类广告中寻找办法或滥用补药和激素，这种做法是万万不可取的。大多数男性青少年，其阴茎并不存在解剖学上的异常，也非真正的小阴茎，因此不用进行治疗。对阴茎大小过分担心的人，则有可能由于担心而产生相应的心理障碍乃至性行为问题。

早晨阴茎容易勃起正常吗？

正常男性的阴茎，除了因性刺激和某种外界刺激会勃起外，通常处于松弛状态，但是有时内脏器官的反射作用也会导致阴茎勃起。最明显的是早晨清醒前，由于膀胱内尿液积存压力增加而产生刺激作用，导致阴茎发生一种潜意识的反射性勃起，也就是常常说的让尿给“憋”硬了。这是一种正常的生理现象，医学上称之为“清晨勃起”。

美国一位学者的研究资料表明，男性在成年后约 20 ~ 30 岁时，清晨勃起次数增多，中年以后逐渐减少。一位德国医生也研究了这个生理现象，发现男性在疾病期间，清晨阴茎勃起的现象会消失。当身体康复后，清晨阴茎勃起的现象又重新出现。于是他提出，清晨阴茎勃起现象可以作为观察男子精力和健康状况的参考指标之一。

关于清晨阴茎勃起的确切机理，至今尚未研究清楚。不仅清晨会勃起，如果仔细观察，睡眠时也常有勃起的情形。在睡眠过程中，会有间歇性的眼球快速运动期，而阴茎勃起也常发生在这段时间。只要神经、血管及阴茎海绵体结构与功能正常，就会有这种现象。

无论如何，清晨阴茎勃起作为男性的一种正常的生理反应是确定无疑的，而且由于男性的个体差异，清晨勃起的情况也不尽相同。千万不能仅凭这一点来判断男性性功能的强弱。

男孩乳房隆起正常吗？

男孩进入青春期后，体内大量分泌雄激素的同时，雌激素的分泌也随之增加。通常雌激素比雄激素先升高，从而出现性激素的比例失调。因此，在进入青春期后的一年左右，由于雌激素水平的升高，加上生长激素和肾上腺皮质激素对乳腺产生刺激作用，从而使乳头部位的乳腺细胞增大、分裂、数量增多，导致乳房隆起。仔细抚摸，还会发现里面有一个小硬结，这种现象一般可持续 1 ～ 2 年时间。

男性乳房增生表现为双侧性对称或不对称增大，也有单侧性增大，一般无不适，但有时可伴有胀痛、压痛或触痛。对青春期的孩子来说，这种现象称为“特发性男性乳房增生”，等到发育后期往往会自行消退，不必进行治疗。

除上述生理性的原因以外，偶有病理性增生，如肝脏疾病、睾丸功能低下、肾上腺病症、甲状腺病、肿瘤等男性患者也可能出现乳腺增生。因此，如果怀疑有病变可能，应及早就医，以免耽误最佳治疗时机。

自慰有害健康吗？

自慰是指在没有与异性发生性关系的情况下满足性欲的方式，常见于青春期的男孩女孩，有些未婚男女甚至已婚男女也有自慰行为。自慰通常发生于以下三种情况。

一、性幻想

性幻想是指以与性有关的遐想来满足自己对性的心理欲求。某些人对异性的欲望很强烈，但又不可能或不愿意与异性接触，于是就依托于幻想。有的人把在文艺作品或影视片中男女的浪漫情节进行追忆和组合，加以回味或改变，虚构出自己与心仪的异性交往的种种情景。比如，约会、游玩、拥抱、亲吻等。

性幻想往往发生在入睡前及睡醒后的一段时间里或闲暇时。他们在幻想时身心十分投入，很讨厌别人打扰。这些梦幻充满情爱色彩，也叫“白日梦”。有的人通过性幻想而达到性兴奋。

青春期性幻想是男孩女孩性成熟过程中的正常现象，它可以在性冲动时提供一条宣泄的渠道，是一种自慰方式，属于个人隐私。尤其是在当今各种媒体信息中性刺激增多的社会环境里，性幻想为排解性压力打开了一道安全闸门，于己有利，对他人无害。

但是，如果过分沉溺于性幻想，也可能形成病态，那就需要治疗了。比如，有的男孩因幻想与某异性发生性关系而导致精神恍惚、身体虚弱；有的女孩因性幻想而影响了正常生活、学习和健康。

这时候就需要学会自我调节或寻求心理医生的指导和帮助，使自我意识正常发育，做到自主、自立、自强、自律，以防被梦幻的魔力征服，陷入痴迷状态。若性幻想已经发展到心理异常，就应尽早寻求心理咨询和治疗。

二、性梦

性梦是指在睡梦中与异性亲热或发生性关系。在性梦中，男性常伴有射精。有时在性梦中没有射精，而是等到醒后才射精，有时在半

醒的状态下抑制了射精。女性在性梦中阴道壁肌肉发生节律性收缩，得到快感。性梦的发生通常男多于女，男性多发生于青春中期，女性多发生于青春后期。

尽管性梦的出现不受意识支配，但它可起到排解性欲的作用，也是一种自慰方式，对他人无任何伤害。

但是，如果对性梦处理不当，也会带来出乎意料的恶果。曾经一名女生梦见被某男演员拥抱和亲吻，后来天天到那位演员住处的街口去等他，到了茶饭不思、夜不能眠的“痴心妄想”的程度。性梦虽然是性成熟的正常反应，但要顺其自然，不可刻意沉迷其中。有过性梦不必羞愧不安，更不必“寻梦”不得而自哀自怜。性梦也是自己的隐私，不必向他人透露，以免伤害自己的自尊心或伤及毫不知情的“梦中情人”。

三、手淫

手淫是指通过自我抚摸或用器物刺激性器官而使性欲得到满足的自慰行为，在青少年中较常见。手淫可使男性获得射精的快感，女性也能产生性快感。这是一种性的自我满足方式。据统计，手淫最常发生于 10 ～ 15 岁的青少年。20 岁以后，随着意志力的增强，手淫趋于减少。

手淫既非病态，也不涉及道德问题。我国著名医学专家吴阶平教授说：“不以好奇去开始，不以发生而烦恼。”如果青少年能以平常心去对待手淫，既不上瘾成癖，又不内疚懊悔，不必过多忧虑，那就不会引起性心理的异常。

有位父亲的做法可以借鉴。他发现孩子手淫后，为了避免孩子产生罪恶感和恐惧心理，他平静地对儿子说：“小子，你已经长大了。我在你这么大的时候也有过这种情况，不要担心。”接着他对儿子讲了关于青春期性萌动的原因，并介绍了自己当年克制手淫的经验，鼓励儿子尽量转移对性的注意力。随后父亲带着儿子去打球，告诉孩子，运动是最好的释放性压力和愉悦身心的办法。

这位父亲的做法很值得学习：首先，他告诉孩子那是正常的，防止孩子产生恐惧心理。有些父母撞见孩子手淫时，不是骂就是打，殊不知，这样做更会强化孩子的性压抑感，因而可能更依赖手淫。其次，这位父亲并未放纵孩子，而是以切身体会和实际行动帮助孩子克制，转移注意力。这样做不仅维护了孩子的自尊心，还使父子关系更加亲近。另外，还可以告诉孩子控制手淫的一些方法：

（1）除了上厕所和清洗时，不要用手碰触外阴部。

（2）尽量避免独处，常跟伙伴一起参加各种运动。

（3）尽量不裸身睡觉，避免触碰生殖器官。如果在卧床时发生性冲动，可起床做点别的事，以便转移注意力。

（4）要远离色情读物，选一本好书放在床头，最好每天睡觉前读一段使人增长知识和陶冶性情的内容。

变声是怎么回事？

进入青春期后，青少年身体的各种组织与器官在结构、功能方面都会发生明显的变化，声带、嗓音的变化就是其中之一。

男孩声带的长度从幼童时的 6 ～ 8 毫米逐渐增长到 20 ～ 24 毫米，并且在增长的同时，相对变宽增厚。女孩的声带逐渐增长到 15 ～ 18 毫米，并且同时相对变窄。这些变化导致了青少年男女的声音与往常不一样了，稚气的童声变成了成熟悦耳的男声女声。男孩的发音频率较低，声调显得较浑厚低沉；女孩的发音频率较高，声调显得较清脆悦耳。这样的变化时期称为变声期。

变声是暂时的生理过程，是每个青少年都要经历的。当然，变声期后的男声和女声有着个体差异，不可能“千声一律”。相比而言，男孩嗓音的变化要比女孩明显一些。男孩一般从 13、14 岁开始变声，女孩一般从 12、13 岁开始，通常持续半年至一年的时间。变声过程结束后，嗓音就会趋于稳定与正常。

男孩女孩进入变声期，要注意做好以下防护。

一、用嗓的时间不宜过长

在变声期，每次讲话或唱歌的时间不宜过长，尤其是不宜唱高音和强音；在唱歌和长时间讲话后，不要马上喝冷水或吃冷饮，避免过度刺激喉部留下后遗症，应经常喝温开水。

二、注意保护颈部

避免着凉，注意预防感冒等上呼吸道疾病。因颈部受凉感冒而造成咽部感染，或由细菌、病毒侵入而损伤咽部、声带，都可能使声音嘶哑。

三、经常锻炼身体

青少年学习任务较重，如果不注意身体健康，体质变弱，就会使抵抗力下降，容易引起感冒、急性扁桃体炎、喉炎等，也会影响喉部的正常发育。

四、注意饮食

在饮食方面要尽量少吃辛辣和油腻的食物，如胡椒、辣椒、大蒜及油炸食品等；更要避免吸烟、喝酒，防止刺激声带，出现声带充血现象。

五、注意防灰尘和烟熏

灰尘及有害气体可使咽部防御功能下降，刺激声带，出现充血、红肿，致使声音嘶哑。

第 2 章

青春期心理健康知识

青春期成长的首要任务是什么？

什么是“人生第二危险期”？

……

青春期成长的首要任务是什么？

青春期是青少年身体变化最快的阶段，有人把青春期看作学习求知及升学的关键期。其实，很多人忽视了，青少年在这个阶段有一个更重要的任务，就是人格的整合与统一，这是从青少年一辈子的心理健康和心智模式成熟的角度来说的，心理学上的名词叫“自我同一性”。

自我同一性是指青少年的需求、情感、能力、目标、价值观等特质整合为统一的人格框架，具有自我一致的情感与态度、自我贯通的需要和能力、自我恒定的目标和信仰。简单理解就是，能够把自己“众多的人格”，比如对自我的确认和对有关自我发展的一些重大问题，诸如理想、职业、价值观、人生观等的思考和选择统一起来，形成比较稳定、统一的人格特点。

自我同一性的确立，就意味着个体对自身有充分的了解，能够将自我的过去、现在和将来组合成一个有机的整体，确立自己的理想与价值观念，并思考未来自我的发展。自我同一性是否确立，关系到一个人的身心健康发展，关系到能否更好地适应社会，能否体验到自身的价值和人生的意义。因此，自我同一性的发展是青少年成长的一个核心任务。

青少年的自我同一性发展通常有以下四种状态。

一、自我同一性达成

指个体能够考虑各种实际情况和选项，做出适宜的选择并付诸实践。对个体而言，自我同一性达成后，并不意味着一成不变，还是会随着个体知识经验和见识的增长而有所调整和变化。

二、自我同一性分散

指个体很少“发现自己”，不知道自己是谁，不知道自己想做什么，没有明确的发展方向。同一性分散的青少年会逃避思考问题，缺乏兴趣，孤独，对未来不抱希望，或者很叛逆。他们宁可塞着耳机听音乐或睡觉，也不愿意接触父母和老师。他们很难成功地做出选择，经常放弃，把自己的生活归结为命运。

三、自我同一性拒斥

指的是个体过早地将自我意象固定化，没有充分考虑各种选择的可能，而停止了同一性的探求。自我同一性拒斥的青少年往往缺乏主见，遵从他人的目标、价值观和生活方式，俗称“从众”“随大流”。自我同一性完成过早的人会显得刻板与肤浅，不会思考，应变能力差，但很少会忧虑。这类人倾向于与父母保持密切的关系，并采纳父母的价值观。他们喜欢有组织、有秩序的生活，尊重权威，通常表现为刻板、不宽容、独断、自我防御。

四、延期偿付

指青少年延迟做出个人生活或职业的选择和承诺。心理学家埃里克森认为，在一个复杂的社会，对大多数人来说，自我同一性的达成是一个逐渐缓慢的探索过程，延期选择也很正常，也是对健康有益的。

自我同一性达成和延期偿付都被认为是健康的。青少年亲自去做一些试验，摒弃不适合自己的东西，发现适合自己的生活方式，并寻找根源，这些是建立牢固自我同一性的重要过程。

总之，自我同一性完成，也就意味着实现了人格独立。自我同一性的形成，标志着青春期的结束和成年期的开始。从这时起，生活的任务就是引导个人按照自我方向度过人生的其余阶段。

如果一个人没有独立的人格和价值观，那注定是不可能“走自己的路”的。他会时刻关注、在意别人对自己的评价，甚至以别人对自己的评价作为自己的行动指南。因此，只有真正独立的人才有能力“走自己的路”。而真正的独立最重要的是精神上的独立、世界观的独立，也就是自我同一性的完成。

什么是“人生第二危险期”？

人的成长过程中有两次所谓的“危险期”，是指如果被照顾或教育不当，会给孩子的一生造成重大影响或严重后果的关键时期。第一次是 3 岁左右，第二次是 12 ～ 15 岁，就是青春期。

第一危险期是 3 岁左右儿童自我意识的第一次飞跃。在这一时期，孩子具备了基本的生活与活动能力后，表现为独立行动、固执、逆反等，要自己穿衣、吃饭、走路、拿玩具……开始寻求独立探寻外部世界，此时很容易发生一些意想不到的问题。这一时期的危险主要是因无知而产生的身体伤害，如碰伤、误食、触电等。但 3 岁左右的孩子活动范围较小，基本处于监护人的视线范围内，如果照顾得当，就会避免孩子可能发生的一些人身伤害和危险。

第二危险期也被称为“青春期危机”。第一危险期是在温暖的襁褓中度过的“断乳危机”，幼儿的反抗是为了追求“做想做的事情”，表现形式是各种抓、摸、吃等探索，只要家长看得紧，一般都可避免危险的发生。而人生的第二危险期是从儿童期走向成年期的过渡时期，是从精神上脱离父母的心理“断乳”，追求的是“做自己”，以摆脱家长、老师等其他成年人的“控制”为目的，来势迅猛，因人而异，没有统一的模式。

处于第二危险期的青少年往往表现为：对父母等成人的管教深为反感，甚至在行为上发生反抗。许多父母都有这样的体会，一直很听话的孩子突然不听话了，总和父母对着干，情绪急躁，向父母发脾气；做事我行我素，不愿与父母商量，容易冲动且具有冒险性，你让他往东，他偏往西。这一阶段有的青少年能持续 2 ～ 3 年。

一、导致“青春期危机”的主要原因

所谓的青春期危机、危险，主要是由青少年身心发育的特点决定的。

（一）身体发育与心理发育不一致

一方面，青少年的生理、身体迅速发育，已经接近成年人；另一方面，他们的心理成熟滞后，远远跟不上生理成熟的速度。青春期生理上的巨大变化，特别是生殖系统的逐渐成熟，对心理状态有很大影响。由于青春期身体发育成长速度太快，而人的心理发展和成熟需要相对缓慢的过程，因此青少年的身体和心理发展的速度严重错位，导致他们面临一些非常现实的成长问题。

（二）自我意识增强，自我价值观逐步形成

处于青春期的孩子们开始按照自己的价值观来评判与自己交往的人，选择与自己契合的朋友，且常常会排斥旁人的议论、影响与干预，带有明显的自主性、自锁性。

男孩女孩渐渐地从家庭中游离，更多地与同伴一起交流、活动，结交志趣相投的同学为知心朋友，他们无话不谈，形影不离，视友谊为至高无上的珍宝，甚至为朋友两肋插刀在所不惜。他们与父母在情感、行为、观点上日益脱离，父母的榜样作用逐渐削弱。他们在对老师的态度中，增加了选择、保留和批评、怀疑的成分。

这些举止往往令家长很难理解，而这恰恰是典型的“心理断乳”表现，只是发生得太快，家长没有心理准备。如果此时的家长愈加束缚，他们会离家长愈远，有的甚至逃离家庭去投奔同学。

（三）异性交往成了一个突出课题

青春期是性心理萌芽期，表现为开始比较注意自己的形象，特别是异性同学对自己的评价，也尝试与异性交往。但是在交往过程中心理变得很复杂，一方面渴望接近对方，另一方面又很害怕被别人发现，结果交往过程神神秘秘、羞羞答答，反而显得别扭。

一般情况下，他们并不是真正意义的恋爱，只是彼此有共同的语言，喜欢一起交流和相互欣赏。但是，由于表现异样，他们成为同学们的谈资，一经同学的夸大处理便成为“有色新闻”，令当事人非常尴尬。因此，异性同学之间的交往常会引发当事人严重的心理负担，直接影响到他们的学习和生活。

（四）自我控制力尚未形成，情绪易波动，易冲动行事

青少年受多巴胺的影响，情感多变，烦躁、郁闷、寂寞孤独，遇到挫折容易悲观失望，而且表现为两极：时而很开心，时而又很烦闷；有时充满希望，有时又灰心丧气；有时渴望独处，有时又希望有人陪伴；有时阳光灿烂、满脸春风，有时愁眉苦脸、阴云密布、痛不欲生，甚至暴跳如雷……碰到这种情况时，千万要冷静，否则很容易发生冲突与危险。

二、“青春期危机”的潜在风险

青少年处于生理和心理发展急剧变化的时期，这是从儿童到成人过渡过程中“半成人”的矛盾状态：他们心理上渴望独立自主，渴望从行为到人格的完全独立，但往往社会经验不足，并没有真正独立的能力，很容易出现各种危险。

（1）性冒险与性健康问题。

（2）学业波动，成绩下降。

（3）与同伴及长辈交往中的困难、障碍和矛盾，发生校园欺凌行为等。

（4）违法犯罪及自杀自残的危险。

（5）易受网络小说、游戏、色情垃圾、暴力等的影响。

（6）饮食健康与安全风险。比如，高糖高热高脂肪、激素性食品等造成身体肥胖、体质下降。

什么是“早熟”？

早熟通常指人的身体发育成熟较早，尤其青春期发育比正常发育进程提前。

目前判断儿童性早熟的年龄大致为女孩在 8 周岁前、男孩在 9 周岁前出现性发育、呈现第二性征。也有专家认为女孩 10 周岁前来月经也属于性早熟。

身体早熟会影响孩子的身高及心理发育状态，引发很多心理健康问题，所以需要及早发现和干预。

性早熟受环境、食物等因素的影响比较大，家长发现问题应第一时间带孩子到医院就诊，由医生来判断是“真性性早熟”还是“假性性早熟”。医生会根据实际情况给孩子进行药物治疗以及心理指导。

青春期孩子为什么容易冲动？

有一个词叫“青春荷尔蒙”。“荷尔蒙”（Hormone），即激素，音译为荷尔蒙，是动物或植物体内的化学信息物质，希腊文原意为“奋起活动”，是由内分泌腺或内分泌细胞分泌的高效生物活性物质，在体内作为信使传递信息，通过调节各种组织细胞的代谢活动来影响人体的生理活动，是生命中的重要物质。

激素的主要种类有生长性激素、性激素、甲状腺激素、肾上腺素、胰岛素等。其中，性激素在 13 ～ 18 岁分泌最旺盛，导致男孩女孩身体发育的性特征明显，所以有人称性激素为“青春荷尔蒙”。比如，性激素中的雌激素会使女性更加温柔妩媚，雄激素会使男性更加粗犷阳刚；女性胸部开始在雌激素中的黄体素的刺激下快速发育饱满，而男性则在雄激素的帮助下开始出现变声、长胡须、喉结突出的现象；在性激素的作用下，青春期孩子开始对异性产生好奇，而且身体发育越成熟，就越容易产生性冲动。

由于“青春荷尔蒙”的作用，男孩女孩在生理上快速发展变化，性征逐渐趋向成年人。但心理上的成长成熟却是一个相对缓慢的过程，需要大量的社会阅历和经历，才能逐步形成对世界、对他人更为客观、准确的认知。这与青春期男孩女孩身体性征的快速成熟形成巨大反差，但这一点男孩女孩并不自知。

同时，男孩女孩由于“青春荷尔蒙”的作用，对危险的感知和评价阈值降低，胆子大，再加上好奇心爆棚，容易“上头”，易冲动行事。如果不加控制，很容易出现“恋爱”冲动、身体受损、心理受伤等种种不良后果。

尤其是那些长期处于父母的严格管教下、受到约束较多的男孩女孩，他们更渴望通过各种途径（更希望是捷径）证明自己是一个成年人，他们极度渴望享受到成年人的自由、平等权利。但由于此时他们缺乏社会经验和处世经历，思维相对局限，往往虑事不周、挂一漏万或只顾眼前，缺乏长远考虑，很容易引发冲动行为甚至难以收拾的后果，有的会影响或改变其成长路径，甚至波及整个人生。

青春期孩子为什么会“叛逆”？

从发展心理学的角度来说，青春期的主要目标就是完成生理和心理上的成长蜕变，从一个弱小、懵懂的儿童成长为身体强健、个性独立的成人。青少年的心理成长主要有四大任务：离开父母、自己做主、与众不同、寻找伙伴。其中最核心的任务就是要自己做主，自己说了算。所以，青少年就是要摆脱父母等成人的控制，争取自己的空间、自己的人生舞台。对青春期的孩子来说，不再听命或服从于父母，甚至挑战父母，是他们内在成长的需要。

但是，很多父母看不到青春期孩子成长的内在使命，不理解自己的孩子为什么突然从乖巧听话变成事事都要叛逆对抗，又担心孩子变坏了，于是进行更加严厉的管教和控制，最终引发亲子矛盾加剧，家庭亲子关系冲突不断。

青春期孩子叛逆的根本原因就是自己的成长本能与父母对青春期成长任务无知之间的矛盾。所谓“青春期叛逆”的说法，很大程度上是成人对青春期的无知和偏见。对于孩子而言，并不存在“叛逆”，他只是不想再听父母的安排、想要自己做主而已。与父母的观点正确与否无关，为了反对而反对，这也是很多青春期孩子很常见的反应。

很多父母并不懂这些，接受不了孩子突然变得和自己疏远，于是偷看孩子的日记，没收手机，撕毁孩子的读物。这些做法不但不能拉近和孩子的心理距离，反而让孩子感觉受到了父母的过度控制，选择逃离父母或者跟父母对着干。有自甘堕落的，父母反对什么他就干什么，什么坏他干什么；有离家出走的，企图逃避父母的控制；有的甚至采取更极端的方式来报复父母。

青春期这个阶段，只有父母放手，信任并尊重孩子，孩子的事情尽量让孩子自己做主，他们才能真正地面对世界，学习权衡利弊，不断尝试和试错，并从中获得真正的独立和成长。

需要特别提醒的是，如果家庭环境不是很自由，或者遇到了过度控制型的父母，孩子的独立人格没有机会获得成长和发展，他们的青春期心理成长过程就会延误。

所以，青春期孩子的反抗性是正常的心理发展过程，并不一定是坏事，如果能够顺利度过，对孩子心理健康大有益处。

有人进行了对比研究，在对高反抗性和低反抗性儿童的追踪观察中，发现高反抗性一组中 84% 的人意志坚强，有主见，有独立分析和判断事物并做出决定的能力；而低反抗性一组中只有 26% 的孩子具备这种能力，大多数则遇事不能独立承担任务，做事不果断。因此，孩子到了青春反抗期，如果能够得到家长、老师等积极、正面的引导，就能顺利地度过这一阶段，为健全人格的形成打下良好的基础。

男孩女孩交往有积极意义吗？

在人的生命成长和心理健康发展与成熟的过程中，男孩女孩的交往是一段非常重要、不可或缺的生命成长阶段，担负着青春期成长和走向成熟的特殊任务。

青少年的烦恼很多，比如，过重的学习课业压力、同伴人际关系变化的压力、父母争吵及家庭不睦的压力、个别老师不能一碗水端平的压力等。

此时，男孩女孩是同伴关系，比老师、家长更能关注到对方内心的真实感受，化解内心苦闷和烦恼。所以，此时男孩女孩的交往多属于心理救助式的交往，或炫耀式交往，或竞争性交往、攀比性交往，多数情况与老师、家长眼中的“早恋”并不是一码事。如果家长、老师总是戴着有色眼镜，给孩子扣上“早恋”的帽子，甚至粗暴地棒打

“鸳鸯”，只能导致他们的交往转入“地下”，或直面对抗，危险性会急剧增加。

一、男孩女孩交往的四大积极功能

（1）愉悦身心，增进健康。

（2）完成第二次断乳期，为今后的恋爱择偶做早期准备。

（3）消除不良情绪，维护心理健康。

（4）提升智慧，促进自尊与自信心的发展。

二、青春期男孩女孩交往受阻的消极作用

如果青春期异性交往受阻，孩子没有青春期异性交往的经历和经验，就会在心理成长和成熟的过程中缺失非常重要的关键环节，会对孩子心理健康的成长和发展产生不良后果。

（1）严重干扰孩子心理健康发展的正常进程，造成孩子的青春期心理成长经验的缺失。

（2）扼杀孩子学习两性关系交往和发展的萌芽。

（3）严重挫伤孩子自尊心和自信心的发展。

青春期异性交往受阻，对孩子的未来有深远影响。

一是由于青春期缺乏与异性交往的经验，使得孩子成年后对自己的恋爱择偶没有做好心理准备，从而很难选择合适的婚恋对象、构建和谐幸福的婚姻家庭生活。

二是由于自信心和自尊心水平没有获得应有的发展，造成孩子成年后自尊和自信匮乏、独立思考能力缺失，缺乏成年人应有的开拓创新精神，更没有敢作敢当、独当一面的能力。

所以，青春期男孩女孩的正常交往对促进个体身心的健康成长、促进两性关系的良好发展、促进个体适应社会能力等方面，都有重要且深远的意义，切不可“一刀切”地严令禁止，只需正确引导。

男孩女孩可以抽烟、喝酒吗？

青少年时期是一个自我探索的阶段，此时他们喜欢冒险，乐于尝试新鲜事物，希望被别人当作成人来看待和尊重，愿意展现出自己更多的能力。这些心理特点会促使他们开始接触一些小时候未曾接触的东西，尤其是那些似乎是成人“专利”的东西，以体验新鲜感和成熟感。许多青少年就是在这个时候开始抽烟、喝酒的。

男孩女孩一开始出现的这些尝试性行为并不稳定，加强自我控制并获得适时、恰当的引导，是完全可以改变的。青少年要知道，烟草中含有上千种有害成分和多种致癌物质，其中最主要的是焦油、尼古丁和一氧化碳。香烟中的有害物质会使血管收缩、血流加快，并对呼吸系统产生强烈的刺激，导致呼吸系统疾病；吸烟可能引起肺癌、口腔癌、咽喉癌、食道癌、膀胱癌等多种癌症；香烟中的尼古丁是一种兴奋剂，使人产生亢奋感，长期使用会形成依赖。

一支香烟中的尼古丁足以毒死一只老鼠，20支香烟中的尼古丁就可以毒死一头牛；而酒中的乙醇也可能令人迷醉、中毒。

青少年中有一种情况比较常见，就是迫于同伴压力而吸烟、喝酒。同伴压力是青少年面临的一个重要问题。因为这个年龄的男孩女孩都需要来自同伴的认可，他们对归属感的需求尤其强烈。有些男孩女孩心里明白不能抽烟、喝酒，也试图拒绝，但是面对同学的热情、朋友的劝说，无力将“不”字说出口，只能“同流合污”。

所谓的男孩女孩“早恋”有哪些表现及类型？

家长和老师口中所谓的“早恋”，通常指的是青春期孩子的恋爱，或者特指 18 岁以下、未成年的中学生建立恋爱关系或对异性感兴趣、痴情、暗恋。

其实，在全世界各地，恋爱并没有时间限定，更没有早晚的说法。在中国，“早恋”一词带有长辈一方的否定性感情色彩。

一、开始“青春期恋情”的男孩女孩的特点

（1）意识朦胧：对恋情的发展结局并不明确。

（2）内心矛盾：愉悦与恐惧并存，既想接触又怕被发现。

（3）变化无常：关系一般不会持久。

（4）行为差异：有的隐秘，有的张扬。

二、开始“青春期恋情”的男孩女孩常见的行为表现

（1）爱打扮，注意修饰自己，常对着镜子左顾右盼。

（2）成绩突然下降，上课注意力不集中。

（3）显得沉默寡言，不愿和父母沟通。

（4）在家坐不住，经常找借口外出，有时说谎。

（5）放学回家喜欢一个人躲在房间里，或待在一边想心事，时常走神发呆。

（6）情绪起伏大，有时兴奋，有时忧郁，有时烦躁不安，做事无耐心。

（7）突然对描写爱情的文学作品、电影、电视感兴趣。

（8）突然喜欢谈论男女之间的事。

（9）背着家长偷偷写信，写日记，看到别人赶忙掩饰。

三、“青春期恋情”的类型

（1）爱慕型。青少年之间由于爱慕对方而产生的恋情。根据爱慕原因的不同，又可分为爱仪表、爱特长、爱品性等。

（2）好奇型。由于对异性的好奇心而产生的“早恋”现象。青少年随着生理上的发育成熟和性意识的发展，很容易产生性冲动，对异性变得很敏感，渴望了解异性的心理、生理及其对自己的态度。为了满足这种好奇心，他们就想结交异性朋友，建立“恋爱”关系。

（3）模仿型。看到其他朋友、同学也在谈恋爱，便跟风模仿。

（4）压力型。迫于周围同龄人的压力而做出从众行为。

（5）愉悦型。为了获得愉悦的情感体验。

（6）补偿型。为了获得感情补偿和排解受挫的情绪。

（7）逆反型。由于青少年在两性交往中受到不恰当的干预而做出的行为。最典型的心理就是“你们不许我这样做，我偏要这样做”。

如何看待所谓的“早恋”？

情窦初开的男孩女孩，有欣赏、喜欢、眷恋、爱慕异性的思想和行为，是他们情感世界发展的内在需求，也是正当权利。如果能得到家长或老师的正确引导，通常不会有问题。但由于这个阶段青少年的心智发展尚未完全成熟，如果任其随心所欲或随波逐流，不加引导，不立界限，就很可能会出问题，甚至会因此偏离正常的人生轨道。

一、青春期恋情的积极意义

(1) 锻炼和提高社交能力、促进青少年的成长和成熟。有很多男孩女孩在相处中互相激励、互相促进，追求高远的人生目标。他们在成熟而有克制的情感交往中深入了解异性，正确认识自己，丰富了人生经历。

(2) 青少年之间大多是纯洁的情感表达，不掺杂物质利益的追求，这种爱的体验是可贵的。

(3) 青春之恋的经历可能成为一生的美好回忆。人生是短暂的，学生时代的恋情即使未能如愿以偿地发展为终身伴侣关系，但这段经历与体验何尝不是人生中一笔宝贵的精神财富？在很多世界名人的成长历程中，也常能发现他们的青春“早恋”故事。

二、“青春期恋情”可能产生的不良后果

(1) 容易分散精力，影响学业。青少年中有不少成绩优秀、出类拔萃者，但因为过早涉足爱河，使他们容易痴迷、沉醉于爱的幻想中，无法全身心地投入学业。

另外，男女学生若陷入恋情，为避人耳目，常找一些没有熟人、僻静的曲径幽巷约会，彼此相依相偎，讨厌别人的干扰。长此以往，这种二人世界会使当事人逐渐脱离集体，把自己推到孤立的位置上去。

(2) 容易感情冲动，种下苦果。通常青少年由于“青春荷尔蒙”

的作用，很容易感情冲动。在价值观、生活经验、意志力等尚不能有效地控制本能欲望冲动的情况下，一旦生理和心理防线被冲破，就很容易不计后果地发生性关系，沉迷于性快感之中，从而导致心理和生理的不良后果。

尤其由于女孩的身心均未发育成熟，再加上性知识的缺乏，不安全、不健康的性关系极易种下苦果，给身体造成极大伤害。有的女孩甚至因自行买药打胎而死于非命，更有女孩在事情败露后，在家长的打骂、学校的惩罚、同学的冷眼嘲笑中无地自容，继而轻生。“早恋”的结果，往往使女孩成为最严重的受害者。

（3）青少年恋情极不稳定，难以修成正果。青春期男孩女孩谈恋爱，可以说都是在身心不成熟的情况下进行的，往往分辨不清“爱情”与“好感”的区别，认识不到友谊与爱情的差距，容易过于美化和迷恋对方，经常表现出难舍难分而又喜怒无常。加上青少年没有经济基础，其经济来源多半依赖父母，因此，这种“爱情”没有牢固的根基，半途而废不足为奇。

男孩女孩可以整容吗?

爱美之心，人皆有之。尤其是女孩，都希望自己有姣好的容貌。她们常常揽镜自照，遗憾自己不是眼睛小了，就是嘴巴大了，这儿长痣了，那儿又长得不协调，为此频生烦恼。加上媒体各种推崇明星美女，商家片面炒作整容技术的高超、便捷，致使很多人动了整容的心思。

一、男孩女孩整容有害健康

整形医生告诫说，整容手术只适合发育完全成熟的成年人，青少年整容的风险较大。青少年身体正处于发育之中，各个器官正在成长变化，整容会破坏身体自然的生长规律，为今后的生活留下隐患。

即便是成年人，整容失败的案例也比比皆是。只不过很少有当事人在花了一大笔钱并忍受了难言的痛苦后，还愿意把自己整容前和整容后的“尊容”公之于众，导致大众对整容失败的后遗症及危害了解不多。

二、迷恋整容的心理根源

美国著名整形医生麦克斯威尔·马兹博士发现，许多到他诊所要求整形的人，其实不但要求外貌的整形，更渴望抚平其心理上的创痕，即对“内在自我”的整形。需要整形的人往往缺乏自信，多数青春期孩子的容貌焦虑和烦恼印证了这一观点。

三、美丽源于自信，提升审美层次是关键

世界上的事物总是丰富多彩的，人的相貌亦如此。身体健康，体重得当，身材匀称，五官端正，皮肤有弹性，充满青春活力，服饰和自己的身份匹配，是最自然的美。我们应该明白，一个人的美丽源于自信，而自信又和可爱并行。这些都是不可能通过整容得到的。

一个人的美，除了外在的相貌，更多来自内在的思想、修养、气

质、人品和才华。再漂亮的外表，也会随岁月的流逝而改变，而一个人的品德、修养、才华等内在美，会使人的一生焕发出更灿烂的光彩。个人对自己智力、能力、体力、情趣等内在美的评估，就组成了“自我概念”。对自我有客观的认识，而且能建立现实、乐观、积极的态度来接纳自我，才是正常而健全的自我成长表现。

悦纳自己，绝对不是认命、不去改变，而是要学习接纳自己所不能改变的东西，改变自己能够改变的缺点，以塑造理想和健全的人格形象。

有句谚语这样说：“人只有一种方法使自己漂亮，但却有一百种方法使自己可爱。”如果能够悦纳自己的外貌，以丰富的知识充实自己的头脑，注意自身修养和气质的培养，那么人就会因杰出的人格魅力变得美丽而可爱。

如何理解青春期的友情与爱情？

大多数男孩女孩的友情是愉快而懵懂的，多半是至真至纯，朴素而安全的，它可以激发出青少年无限的生命活力、丰富的想象力和创造力，它是很多成年人可以回忆一生的小甜蜜和小幸福时光。而且，大多数男孩女孩能够在老师和家长的提醒下，掂量和权衡眼前的懵懂友情和未来个人发展，多数都可以做出更有利于未来长远规划的选择。

爱情和友情一步之遥。友情是纯洁的、开放的、不保密的，可长可短，不需要承诺，可以多人共享；而爱情则是专属的，需要承诺，不可以与他人共享。

恋爱的早晚因人而异，没有统一标准，世界上没有任何国家规定可以谈恋爱的法定年纪，所以“早恋”是一个伪命题。如果男孩女孩之间的友情开始懵懂地走向专属、私密，那也是求索爱情的正常需求，不必多虑。

一、爱情的基本特点

爱情的核心是给予，而不是索取。爱需要奉献、牺牲、责任感和自我约束，而不是自私自利。

（一）爱情是彼此的珍惜和守护

互相伤害的关系不是爱情，“我爱你”的结果不应该是“我害你”。因此，人格完整、心理成熟的人才更容易获得真正的爱情。人格不完整、不成熟的人往往没有能力爱别人，他们更容易在爱情中以利己为出发点索取爱，导致双方冲突。

（二）爱情是排他的、专一的

爱情不是“老鼠爱大米”式的饥渴需要、生理需要。需求一旦满足就移情别恋的不是爱情。爱情的归宿是指向长久的陪伴或婚姻。

（三）爱情的力量非常伟大

爱情可以促进两个人都变得越来越优秀。暗恋、自作多情、单相思等都不是真正的爱情。

二、爱情的发展阶段

爱情一般要经历 4 个发展阶段：第一个阶段是产生好感；第二个阶段是自我展示；第三个阶段是相互依存；第四个阶段是彼此的需求都得到满足。

在这一过程中，双方相互了解，进而达成默契、信任与依恋，建立深厚的亲密关系，为走向婚姻的殿堂奠定基础。

三、常见恋爱情结

（一）幻想

很多人心里都有自己的“白马王子”或“白雪公主”，现实生活中，遇到貌似心目中偶像的异性，便以为幻想成真，穷追不舍。其实这种幻想更多来自孩童时期对父母印象的收藏，即所谓的“恋父”或“恋母”情结。

（二）崇拜

现实中有些人的爱情貌似一触即发，其实源于其内在的“恋爱发动状态”，一旦达到其心理的临界点，只要稍加刺激，爱情便会产生，一泻千里。崇拜，比如偶像崇拜，是“恋爱发动状态”的征服者，在其中扮演着极其重要的角色。

（三）失恋心理

恋爱有两种结局：一是完美结合或走向婚姻，长久相伴；二是失恋分手，各奔东西。

从心理学上分析，爱情是一方的心理能量朝向对方个体的最大调动，一旦失去会使人产生迷失迷茫感，聚集在脑海与心底难以排解的心理能量一旦喷发，通常会导致可怕的后果。这种心理能量以疯狂的状态喷向对方，爱之不成，恨之入骨，容易伤害对方——这是病态的爱情；或者，这种心理能量无法排解，转向伤害自己，自暴自弃、自甘堕落，通常会产生抑郁、焦虑等心理疾病。这两种做法伤人伤己，都是不健康、不成熟的表现。

通常，人格健全、心理成熟的人，一般在失恋时能够保持头脑冷静，理性看待双方的关系和内在需求，反思、修正和提升自己的认知和修为，经历失恋的痛苦之后，能够解脱出来，重新探索新的世界和生活。所以，失恋也是锻炼和养成一个人心理成熟的重要机会。

如何摆脱单相思之苦?

一位同学来信说，她喜欢班里的一个男生，但是男生不喜欢她。她很想忘记他，可就是办不到，只要一有空，就会想他。她问：怎样才能摆脱这种单相思之苦呢?

其实，爱情本应是男女双方共同拥有的一份感情。人人有爱的权利，也有不接受爱的自由。有人向对方抛出了爱的绣球，可对方却不理不睬，于是，就有了一厢情愿的苦苦思念，这就是单恋，也叫单相思。还有的人，强烈地爱着对方，可是出于羞怯和自卑，不敢向对方表达爱意，只好把爱的种子悄悄埋藏在自己的心田，被“剪不断，理还乱”的情思终日困扰着。

进入青春期后，随着性生理的成熟、性意识的萌动、影视媒介的刺激，有的男孩女孩会演绎出单相思的故事。这些故事有的很美，有的很悲，有的令人回味，有的令人揪心。大多数的单相思之“梦”会随着青春期脚步的迈进而化为身后的一缕轻烟，淡然逝去，只在记忆深处留下美好或苦涩的一支小插曲。

原因很简单，因为青春期的“爱”多半不是像成年人那样经过深思熟虑而做出的表达，它虽来得强烈，却也去得迅速，甚至不留踪影。然而有少数性格内向、不爱交往的孩子，不善于排遣自己内心的单相思情结，就有可能变得孤僻、苦闷、心情压抑，陷入心理失衡的状态，影响自己的健康和学业，有的甚至患上不同程度的抑郁症或妄想症等。何况，处于单恋中的男女往往容易把所恋的人理想化，把各种美丽的光环加在对方的头上。而事实上，自己朝思暮想的那一位，却远非想象中那么完美。中学生由于生活面窄、阅历有限、见识较浅，对人、对事的判断有类似的盲目兴奋、动情的特点。

那么，如何使自己从单相思中解脱出来呢？我们可以试试这样做：

(1) 让自己忙碌些，将生活安排得充实有序，以至于无暇胡思乱想。

(2) 发展自己的兴趣爱好，确定一个奋斗目标，满怀自信地去争取，从而淡化对“意中人”的思念。

(3) 广泛地与同龄人交往，改变“情人眼里出西施”的幻想。

(4) 每天写日记，记下自己生活学习中的所得，使自己相信，没有他(她)在身边，自己也可以生活得充实愉快。

(5) 在不自觉陷入相思之苦时，可以多听音乐以转移自己的注意力，体会音乐中的意境。

(6) 去与你思念的人交往，像对待别人一样坦然大方。

(7) 去参加社会活动，投入到每天都能给我们带来新的信息、新的兴奋点的集体生活中去。

当我们这样做了才会知道，等待我们去做的事很多。也许你度过这段困难时期后，再回首往事，你会发现进步是多么可喜啊!

什么是“青春期抑郁”？

一、青春期抑郁的表现

青春期抑郁主要表现为悲伤、绝望、孤独、自卑、自责等，把外界的一切都看成“灰暗色”的。比如，有的学生对枯燥的学习不感兴趣，对刻板的生活方式感到厌烦，为自己学习或社交的不成功而灰心丧气，陷入抑郁悲观状态。主要表现有以下几种。

（一）“无声”逆反和对抗

青春期抑郁者大多在童年时对父母的管教言听计从，到了青春期，不但拒绝与父母沟通交流，反而处处与父母对立，无声对抗，逃学，夜不归宿，离家出走，甚至要与父母一刀两断等。

（二）有身体不适的感觉

青春期抑郁者一般都会有身体上的某些不适感，比如，头痛头晕，呼吸困难，或者总说嗓子里好像有东西，影响吞咽。但当他们进行医学检查时却并没有发现什么问题，吃药也无好转迹象。随着抑郁症状的发展，一切生理的、心理的快感都消失殆尽。比如，胃口不佳，美味佳肴也勾不起食欲；睡眠出现各种问题，晚上难入睡，早上又早早就醒了，即使睡着了，睡眠质量也很差。

（三）情绪非常低落

很多青春期抑郁者总是情绪低落，主要包括两个方面。

一是心情抑郁。青春期抑郁者的生活中似乎充满了无助和绝望。如果让他们描述自己的心情，他们往往会说：“悲哀、无助、绝望、孤单、不幸、垂头丧气、无价值、丢脸、惭愧、闷闷不乐、羞愧……”即便达到了某种人生目标，实现了某种理想，也很少有喜悦之情，有的甚至会忧伤和痛苦。

二是失去一切兴趣。青春期抑郁者往往体会不到生活的乐趣。过去感兴趣的事物、喜欢参加的活动，现在一点儿也引不起他们的兴趣。兴趣的丧失往往是从某些重要事情开始的，比如学习。即便成绩不错也愁眉苦脸，心事重重；有的在学习期间，经常无故往家跑，想休学、退学等。

（四）行动力缺乏

青春期抑郁者的动机症状体现在做任何事情都缺乏动力。不同的人有不同的动机水平，大多数人都能够做到早晨按时起床，按时去上学，能够积极寻找各种方法来娱乐自己及他人。但是，对抑郁者来说，要开始做任何事情都是极其困难的，需要做巨大的心理斗争。严重者，每天会披头散发躺在床上一动不动，终日茶饭不思，眉头紧锁，寡言少语，甚至以泪洗面。即使他们有所动作，动作也明显迟缓。

（五）认知灰暗

一是意识层面的消极思维。青春期抑郁者对自己的评价总是消极的，无端地负罪、自责，夸大自己的缺点，缩小自己的优点。这种消极思维为眼中的自己和未来都蒙上了一层厚厚的灰色。他们一旦遇到挫折，就会把全部责任归咎于自己。某些极度抑郁者，甚至相信自己应该为世上的不公正和不平等现象负责，应该为自己的“罪恶”而受到惩罚。

二是在潜意识层面会导致生理障碍。比如一到学校门口、教室里，就感觉头晕、恶心、腹痛、肢体无力等，当离开这个特定环境，一切又都恢复正常。

（六）环境适应不良

青春期抑郁者很难适应环境，总是对所处的环境感觉压力重重，经常心烦意乱，郁郁寡欢，不能安心学习，迫切要求父母为其想办法，调换班级或学校。可当他真的到了一个新的环境，其状态并没有随之好转，反而会另找理由和借口，还是认为环境不尽如人意，并反复要求改变。

（七）轻生或自杀倾向

随着抑郁症状的发展，部分人几乎对所有东西都失去了兴趣，甚至经常有轻生的念头，严重者会有自杀行为。这类自杀往往因为有心理、病理因素的影响，可能会身不由己。

二、青春期抑郁的影响

（一）引发心理行为异常

青春期抑郁者心理和精神上的压力巨大，陷入烦恼、孤独、恐惧、悲观等异常心理症状中不能自拔，严重影响学习和生活。目前部分学生存在精神低落、生活空虚、心理承受能力差、社会适应能力差、对专业知识缺乏兴趣、学习效率下降、厌学、人际关系冷淡、说谎、考试作弊、破坏公物等现象，还可能有吸烟、酗酒、焦躁易怒、打架等不良行为，这些大多是抑郁情绪的表达。

（二）引发社会适应能力弱化

青春期心理抑郁带来的精神痛苦和折磨，有时超过躯体疾病。青少年一般不愿将自己的病情告知于人，渐渐形成封闭、内向、孤僻的性格后，人际交往能力也逐渐弱化，甚至影响一段时间的生活。

（三）引发极端行为

青少年心理和大脑本来就没有发育完全，长期处于抑郁、孤独、情绪低落等不良状态会抑制大脑神经发育。此外，青少年心理防御能力相对较弱，长期忧郁的心理很容易让他们一时冲动走上自杀的道路。这些看不见的“杀手”，正在以一种无声的方式，威胁着青少年的生活甚至生命。

三、青春期抑郁发生的原因

（一）遗传因素

调查发现，青春期抑郁者中约71%有精神病或行为失调家族史。青春期抑郁青少年的一级亲属（指父母、子女以及亲兄弟姐妹等）终生患该症的比率在20%～46%。

在家族遗传方面，导致青春期抑郁的危险因素包括：亲子分离或早期母婴联结被剥夺；父母患有精神病；遭父母虐待或忽视；家族中有抑郁症和自杀史；某些慢性躯体病等。

（二）生化因素改变

药理研究表明，中枢去甲肾上腺素（NE）和/或5-羟色胺（5-HT）及受体功能低下，是导致抑郁的原因。如5-HT功能降低可出现抑郁症状，5-HT功能增强与躁狂症有关。

（三）早期的生活经历

一个人早年和儿童时期不良的生活经历会导致患抑郁症的可能性大大增加。

（四）性格的影响

有学者认为，急性抑郁症患者发病前个性多为倔强、违拗，或为被动攻击型人格；慢性抑郁症患者则病前多表现为无能、被动、纠缠、依赖和孤独；隐匿性抑郁症患者发病前一般具有强迫性人格和癔症。

四、给青少年抑郁情绪的调节建议

（1）在日常生活中应该多听一些轻快、舒畅的音乐。在紧张工作和学习之余，不妨多听听音乐，让优美的乐曲来化解精神的疲惫。这样不仅能给人以美的熏陶和享受，而且能使人的精神得到有效放松。

（2）笑口常开、幽默、自我解嘲。当处于尴尬、难堪的困境时，用不自主的发笑或故意开玩笑说俏皮话来自我解嘲，以减轻精神紧张的程度。

（3）外出旅游，亲近大自然。选择远离城市喧嚣的原野和乡村，亲近大自然，享受日光浴等，也不失为一种好方法。

（4）有意识地放慢生活节奏，甚至可以把无所事事的时间也安排在日程表中，要明白悠然和闲散并不等于无聊和无意义。

（5）沉着、冷静地处理各种纷繁复杂的事情，即便做错了事，也不要过分内疚和责备自己，要明白人人都会犯错误。这有利于平衡内在的心理紧张和焦虑，有助于舒缓过于紧绷的精神压力。

什么是毒品？有何危害？

随着社会生活日新月异，娱乐方式极大丰富，青少年也遇到了各种诱惑和更多的危险因素，毒品就是其中之一。

青少年的好奇心促使他们去探索新鲜事物，那些刺激性的东西更容易引起他们的注意。毒品贩子常混迹于娱乐场所，将涉世未深的青少年作为推销的重点对象，向他们兜售毒品。因此，青少年有必要了解毒品的相关知识。

一、什么是毒品

毒品指鸦片、海洛因、甲基苯丙胺（冰毒）、吗啡、大麻、可卡因以及国家规定管制的其他能够使人形成严重依赖性的麻醉药品和精神药品。它们是从天然植物中提取，通过化学合成而作用于中枢神经的成瘾性物质，不包括一般致人死命的剧毒药物。

其中，常见的毒品主要有海洛因、大麻、摇头丸等。

二、吸毒的危害

毒品使人精神萎靡、人格扭曲、心理变态，极易走上犯罪道路。年轻吸毒者一般活不过40岁，死亡率比一般人群高15倍。

（1）毒品具有很快使人成瘾的特性。吸食、注射毒品后，就会对它产生顽固的生理依赖和精神依赖，引起中枢神经系统、血液循环系统、呼吸系统等一系列生理机能的紊乱，影响正常的生殖能力，还会使免疫功能下降，极易感染各种疾病。严重的会危及生命，造成死亡。毒品一旦上瘾，吸毒者便会食欲减退、面容憔悴、骨瘦如柴，生命之火逐渐熄灭。

（2）毒品主要侵蚀和摧残人体各脏器。吸毒者最容易受损的是呼吸系统，因为毒品通常是“吸”进体内的。由于呼吸系统的感染而患上肺炎、肺气肿、肺结核等病症十分常见。吸食海洛因者会出现一种叫作“海洛因性肺气肿”的病症，临床表现为昏迷、呼吸受抑制、瞳孔缩小，如果抢救不及时，很容易死亡。而吸食了含有杂质的海洛因后，还会导致一系列严重的神经系统疾病，如周围神经炎、化脓性胸膜炎、败血症引起的脑脓肿、细菌性心内膜炎引起的脑栓塞等。

（3）注射毒品极易引发艾滋病传播。对于静脉注射毒品者（这几乎是所有吸毒者为立即获得快感而采用的吸毒方式），身体会遭受更为危险和严重的损害。由于吸毒者常共用不洁的注射器，很容易因交叉感染而患上乙型肝炎、艾滋病等。如果注射器本身不洁，又极易感染破伤风，这是静脉注射毒品者最危险的并发症之一。一旦发病，死亡率达到 90% 以上。据统计，破伤风致死者占所有吸毒致死者的 5% ~ 10%。而尤为严重的是，共用注射器还很容易感染艾滋病病毒。艾滋病是世界上无药可治的恶性传染病。我们知道，血液传播是艾滋病病毒传播的途径之一。在一群共用注射器的吸毒者中，只要其中一人血液中潜伏病毒，其余的人就很难幸免。

处于人生成长关键时期的青少年，如果涉足不宜进入的场所，尝试了第一口毒品，人生悲剧很可能就此拉开了序幕。毒品对人的健康和生命的危害非常之大，青少年一定要构筑拒绝毒品的心理防线，千万不要因为好奇或听信谣言而沾染毒品。“珍爱生命，远离毒品”应成为终生坚守的健康准则。

沉迷网络游戏有哪些害处？

当今世界已进入信息化时代，互联网四通八达，给我们提供了人际交流和信息沟通最便捷的途径。青少年适度上网，可以扩大认知、丰富学习和生活内容，对未来生活与事业发展是有好处的。但是，青少年如果沉溺于网络游戏，则会产生极大的危害。

一、带来心理和躯体疾病

自制力并不强的青少年对网络游戏极易上瘾，一旦“网瘾”发作，便会欲罢不能。起初有些人可能只是精神上的依赖，渴望上网，而后也许会发展成为躯体上的依赖，表现出情绪低落、头昏眼花、双手颤抖、疲乏无力、食欲不振等症状，这就是医生所说的“网络成瘾症”。

玩网络游戏都需要几个小时的时间，有些人甚至连续玩上十几个小时。长时间上网会引起植物神经紊乱，体内激素水平失衡，使免疫功能降低，引发心脑血管疾病、紧张性头疼、焦虑、忧郁等，甚至导致死亡。

二、影响脑部发育，荒废学业

沉溺于网络游戏会影响青少年脑部发育，导致学习成绩下降。由于玩游戏的人会全神贯注，身体始终处于一种姿态，不仅眼睛长时间注视显示屏，导致有些人视力下降、眼睛疼痛、怕光、适应能力降低、脖子酸痛、头晕眼花等，而且长时间上网会影响青少年的脑发育，后果严重。

三、诱发各种问题

很多沉迷于网络游戏的青少年荒废了自己的学业，损害了自己的身体和精神，把父母辛辛苦苦挣来的钱都花费在买游戏装备上，导致亲子关系恶化，从而引发一系列家庭问题和社会问题。

目前，青少年网络成瘾主要有以下表现：

（1）每天起床后情绪低落，头晕眼花，疲乏无力，食欲缺乏或神不守舍，而一旦上网便精神抖擞，百“病”全消。

（2）上网时表现得神思敏捷、口若悬河，并感到格外开心，一旦离开网络便语言迟钝，六神无主，怅然若失。

（3）只有不断增加上网时间才能感到满足，从而使上网时间失控，学业失控，花销失控。

（4）无法控制上网的冲动，不惜对父母、老师撒谎，甚至逃学。

（5）每看到一个新游戏网址，就会心跳加快或心律不齐。

（6）只要长时间不上网操作就手痒难耐，有时候刚离网就又有想上网的冲动，有时候早晨一起床就有上网的欲望，甚至夜间上厕所时也想打开电脑。

（7）每当不能上网时就感到烦躁不安或情绪沮丧。

（8）平常有不由自主地敲击键盘的动作，或身体有颤抖的现象。

（9）对家人或亲友隐瞒迷恋网络的真相，把学习和补充营养的钱都用光，甚至为上网负债。

（10）因迷恋网络而面临失学、失业或失去朋友的危险。

以上问题可进行自我测试，如果已经出现了上述四种以上表现，就需要及时寻求专业救助。

第3章

青春期性健康与性安全知识

为什么说色情读物有害？

男孩女孩为何会关注异性并禁不住胡思乱想？

……

为什么说色情读物有害？

青春期孩子好奇心强，猎奇心理突出，有些人偷偷去网上看那些特别让人兴奋的视频。他们说这些视频可以帮助自己长大。真的是这样吗？

处于青春期的孩子，性意识觉醒，随之出现性冲动和对异性的渴望，对两性关系产生好奇，这是正常的。但是，男孩女孩生理的成熟和心理的不成熟形成巨大的反差。他们往往分不清正确与错误、合法与违法的界限。在这样的情况下，黄色淫秽物品利用其夸大的、不科学的性描绘对孩子们进行引诱和挑逗，缺乏是非观念和自制力的孩子就会不自觉地模仿其中的情节和做法，有可能一步步走向邪路，甚至陷入犯罪的深渊。

为此，青少年一定要学习必要的性知识，了解自己身体和心理的变化，接受性道德规范和法律的教育，以道德准则和理性来控制自己的性冲动。同时，要树立正确的人生观、价值观，自觉做到“四不”，即不看黄色书刊或视频、不听邪门歪道的性故事、不说下流话（包括不开有关性的庸俗低级的玩笑）、不做越轨的事，自觉筑起防腐蚀的堤坝，维护自己的身心健康和生命安全。

男孩女孩为何会关注异性并禁不住胡思乱想?

一个16岁的男孩自述，不知为什么，最近总有些心神不宁。只要在大街上看到貌美的女性，或在电视中看到男女拥抱接吻的镜头，他就会异常兴奋，血液往上涌，出现生理反应，甚至在课堂上也禁不住胡思乱想，产生莫名的兴奋和冲动。他总觉得自己头脑里有那么多“肮脏”的东西，很想抑制不去看、不去想，可是做不到，又担心自己变坏，因此特别苦恼。

其实，青少年有这种情况是很正常的，不必担心，更不必自责。正常发育的青少年大多会有类似体验。具体说，这是青春期性意识萌发后产生的性冲动，是体内性激素作用的结果。

处于青春期的青少年激素分泌旺盛，如果接受内外环境的刺激，如窃窃私语、闻到异性体味、触碰肢体、性想象等，传导到大脑的有关中枢神经即形成性兴奋，并通过神经系统作用于生殖器官，比较容易引发生理变化。男性表现为阴囊收缩、阴茎勃起，极度兴奋时还会有射精现象；女性表现为阴蒂和阴道壁充血膨胀、黏液分泌增多。在产生这些生理变化时，心理也会产生兴奋和快感。

其实，性冲动是随生理的发育、性功能的日趋成熟、性意识的萌动而出现的。男孩女孩从青春期开始，都会产生性冲动，只是原因有所不同。男性的性冲动容易被视觉刺激诱发，比如，女性形象或裸体的艺术品、图片等；女性的性冲动虽然也可能被各种带有“性”色彩的视觉形象所激起，但更易被触觉和听觉刺激诱发。

需要注意的是，性冲动虽然是青少年青春期身心发展的反应，是正常的生理、心理现象，但是这并不意味着可以随心所欲地放纵自己。性，既有生理的层面，也有社会的层面。社会中个体的性行为要受到诸多社会条件的约束。每个经过文明教化的个人，在绝大多数时间和场合，都是要克制本能的性冲动的。因此，青春期孩子要学会用理智驾驭自己的行为，要做到以下几点。

一、养成良好的生活习惯，从心理上克制性冲动

比如，养成良好的作息习惯，每天按时睡觉，按时起床；上床后

尽快入睡，不胡思乱想；注意外生殖器的清洁，避免不洁之物刺激生殖器官；内衣裤要宽松，睡觉的姿势要放松，不要采用俯卧姿势，以免外生殖器受压迫和摩擦，引起性冲动。

二、树立长远的生活及奋斗目标

实践证明，一个有理想的人，容易把精力放到自己感兴趣的事情上，专注于学业和事业等重要事情，较少受欲望的驱动和外界的干扰，比较容易克制性冲动。

三、采取一些“脱敏”行动

比如，有意识地转移自己对异性的关注，多做感兴趣的事，多参加一些有很多异性和同性共同参加的集体活动、聚会或体育锻炼，大家一起参加活动、聊聊天，这有助于消除异性的神秘感，也有助于缓解性冲动。

男孩女孩发生性关系有哪些后果？

男孩女孩发生性关系，对未来的影响深远，可能会对其身心健康和成长造成诸多不利。

一、容易影响学业

中学阶段是青少年学习文化知识、培养生活技能的重要时期，应当把主要精力放在学习上。如果这时候去谈恋爱，追求性刺激，必然会影响学习。春天该做春天的事，错过青春年华，荒废学业，今后难以弥补。

二、容易留下心理阴影

男孩女孩发生性关系，很多是在压抑不住性冲动并处在紧张、恐惧的状态下进行的，彼此都有一定的负罪感，加上双方都缺乏性卫生常识，易造成严重的心理负担和情感阴影。尤其对女生来说，由于身体上的损伤和痛苦，可能会引起长期对性生活的不良感受。

另外，男孩女孩的情感具有不稳定性，有了性关系之后两人再分手，往往会给双方带来更多的心理困扰。有的甚至因爱生恨，采取伤害自己或对方的极端手段。

三、对女孩的身心健康危害很大

医学界将女孩的青春期定位在 10 ～ 19 岁，这也就意味着一般情况下，女孩 19 岁以后身体上的各种组织器官才发育成熟，趋向功能健全。青春期女孩由于全身各系统都处于生长发育阶段，尤其是生殖器官尚未发育成熟，过早地发生性关系容易造成生殖器官的损伤，影响未来的性生活。

四、人工流产对女孩身心健康的损害深远

青春期女孩的生殖器官尚在生长发育之中，面临人工流产手术时，思想压力大，精神格外紧张，对疼痛特别敏感，所以手术时容易出现心动过缓、心律失常、血压下降、面色苍白、出汗、头晕、胸闷等症状，这就是“人工流产综合征”。

今天的少女是明天的母亲，愿所有女孩都能洁身自爱，愿每个男孩都懂得珍惜感情，负起责任，爱护自己喜欢的女孩。

女孩如何防范性侵害？

女孩必须树立自我保护意识，预防性骚扰，并知晓针对性骚扰的处理办法。

一、保护自己

女孩要有安全意识，学会保护自己。比如，避免涉足不安全的场所；天色太晚，不要单独出门；不要随便在异性朋友家过夜。

另外，要树立正确的人生观，不要贪小便宜。言行要大方得体，不与别人开不雅的玩笑，不看黄色淫秽书籍或视频。举止端庄，懂得自尊、自重。一定要相信：没有天上掉馅饼的事。

二、对周围的环境有一定的警惕

当发现对方有性骚扰的企图时，要把你抗拒的态度表示得明确而坚定。要坚信自己的力量，并从心理上树立起抗争的勇气。对那些总是探询你隐私、用甜言蜜语奉承或以物质来诱惑你的人，应特别警惕，避免与其单独相处。也不要轻信陌生人的花言巧语或恐吓威胁，更不要去他们的住所或与他们同行。

陌生男孩如果对女孩表现出过分的热情，或以“带路”为由，让女孩单独和他去人烟稀少的地方，女孩一定要提高警惕。

三、遇到性骚扰时，保持冷静和勇气，灵活应对

遭受性骚扰，不是自己的错，不要自责。对方的行为是违法的，是见不得光的，他们也是害怕被揭露的。

(1) 保持冷静，仔细观察对方的举动和四周的环境，寻找机会逃离。除了利用环境保护自己以外，还可以大声呼救。比如高喊“着火了”“抓贼”等，而不要叫“强奸”或“救命”，避免发生意外。或者先假装答应，故意找各种借口拖延时间，寻找或等待各种可能逃脱的机会。

（2）如果有可能，可以对强暴者采用一些基本的身体还击方法。如用肘部还击，用拳头对准歹徒的脸猛击，用脚踢歹徒的膝盖或生殖器，或者扯住歹徒的头发并对准其耳朵大叫，以及用牙齿咬对方迫使其住手等。

青少年性心理发展会经历哪些阶段？

青春期个体成长的最大特征是性发育的开始并逐步完成，同时男孩女孩心理方面的最大变化，也反映在性心理方面。

青少年对性意识的变化（由不自觉到自觉，再到选择性对象；由同性转为异性，再到对异性感兴趣；由疏远到爱慕），几乎是每个人必经的情感成长历程。

青春期性意识萌发、性心理发展一般会经历以下四个时期。

一、异性疏远期

青少年在第二性征出现后的 1 ～ 2 年内，会逐渐意识到两性差别，彼此显得拘束和陌生，表现出不安和羞涩的心理。男孩怕被人看见悄然长出的腋毛，女孩会掩饰逐渐隆起的乳房，很怕异性注意自己。于是男女学生彼此疏远，课外活动也保持界限，男孩扎一堆，女孩围一群。即使是儿童时代很要好的异性朋友，此时也有所回避，疏于来往。有的孩子在家庭中不由自主地疏远异性长辈，男孩喜欢接近父亲，女孩愿意和母亲说悄悄话。异性疏远的背后潜藏着对性别差异的神秘心理。

二、异性吸引期

对异性产生好感与爱慕一般发生在女孩 12 ~ 13 岁、男孩 13 ~ 14 岁以后。这时他们开始表现自己，吸引异性。男孩乐于在女孩面前显示自己的能力和勇气，以赢得女孩的好感和赞许；女孩内心有许多“假想观众”，以为周围男孩都在注视自己，于是开始注重修饰打扮，以引起男孩的兴趣。男孩女孩相互接近的渴望使他们乐于参加与异性在一起的集体活动，喜欢结伴外出郊游、娱乐或参加体育锻炼等，并对异性表示关心、体贴，乐于帮助异性同学以显示自己的能力并博得异性好感，但其接触交往多半没有专一性和持久性。由于他们的心智尚不成熟，情感尚不稳定，有些人往往有幼稚的举动，还会使异性难堪甚至反感，或在同学中引起议论，或被嘲笑、起哄，从而产生心理压力。

此时应当注意尽量把与异性同学的交往保持在适当的范围内，不要过早地陷入与某位异性同学的特殊亲密关系中，以免“作茧自缚”，孤立自己，失去在集体交往中获益的机会。当然。如果能把此时对异性的好感和爱慕发展为纯真的友谊，增进男女生之间的相互了解、相互鼓励、团结进步，将是很好的处理方式。

三、异性眷恋期

15 ～ 16 岁之后的青少年到达了青春旺盛期，加快了向成人过渡的步伐。此时男孩女孩在对异性有好感的基础上，各自形成一个或几个异性的“理想模型”，并在众多的男孩女孩共同交往中，逐渐由对群体异性的好感转向对个别异性的依恋，形成一对一交往的“专情”行动，即恋情萌生。他们一般有蕴藏在内心的强烈眷恋之情，倾向于公开表露，但大多数并不直接以肉体接触来表达恋情，而是用心理交流的方式来显示自己的情感纯洁性。如果说青春初期的少年性冲动胜过理智，多表现为“一见钟情”的幼稚或鲁莽，那么青春中期的高中生则表现出较为成熟和理智的层面，较能控制自己的性冲动。

当然，由于还达不到成年后那种理智与克制的水平，青少年在两性交往中也可能有不适当的表现。由于高中生的独立意识较强，与父母的关系较疏远，父母的控制力下降，所以高中生一旦失去自我控制，就比初中生更容易发生两性关系上的突破，甚至做出影响双方身心健康的事。

目前，家庭和学校过于注重高中生的学业成绩和高考准备，容易忽视他们的性成熟、性心理发展中的问题，会疏于指导他们的异性交往，因此，通过学校途径对高中生进行关于友谊、爱情、性健康、性安全以及婚恋的教育与指导很有必要。

四、爱情尝试期

高中毕业进入大学的青少年（18 ~ 20 岁）已到青春延伸期。此时的青少年显然比高中生更为成熟，对异性的爱慕和追求更趋专一化，萌发爱情，自然地进入了恋爱的季节。社会上各种媒体的展示，大学里社交的自由和频繁的社团活动，加上初离家人的孤独感、无助感，都可能使大学低年级男女生对异性交往的兴趣大增，突破自我封闭和羞于透露内心秘密的心理，开始不加掩饰地追求异性，并向往美好的爱情。他们的初恋带有一定的选择性、专一性和排他性。爱情不失为人生的美好体验和精神追求，也能被一部分大学生理解，所以他们的初恋理应是严肃认真的。

目前高等院校对大学生谈恋爱既不提倡也不禁止，但是大学生处在恋爱的起始阶段，是非常需要帮助和指导的。包括价值观念的引导、择偶知识的传授和责任感的培养，都是不可缺少的。国内部分大学已通过讲座或沙龙等形式，对大学生的恋爱择偶进行科学指导，这是非常可喜的现象。

如何理解青春期性意识和缓解性冲动？

青少年的性心理发展既是自然、纯洁的，又是微妙、细致而复杂的。

性意识是个人关于性的思维活动，它左右着人的性行为。人类性意识发展一般要经历性别辨认的儿童期、爱慕异性的青春期、性行为取向的成熟期。性意识的形成除生理因素外，还受到家庭、社会及个人文化修养的影响。

一、青春期性意识的特点

（一）渴望了解性知识

由于第二性征的出现，青少年渴望从性的角度认识自己与异性，渴望解释一些令人新奇的生理感受，渴望明白自己某些新的生理要求产生的原因和满足的方式。因此，他们从各种途径去探索和获取性知识。这是自然的、合理的需求。它不仅有助于青少年破除性神秘感，掌握科学而准确的性知识，促进人格发展和心理健康，而且对人的一生都会产生深远的影响。

国内多项调查都发现，男生性知识的来源很少是从父母或老师那里获得的，这与男生内心的封闭倾向有关。他们大多数是通过上网、看展览、读有关书籍、看影视片、与同学或朋友聊天的方式获得性知识。而女生内心的封闭性比男生弱，她们一般愿意与朋友和母亲谈论性问题。但随着年龄增长，她们更愿意自己去阅读有关书刊，或与一两个闺密交谈。

（二）对异性产生好奇与爱慕

当青少年发现异性与自己的差异时，他们会产生好奇，想去了解。此时，他们一方面从书刊上求索差异的原因；另一方面特别注意观察异性，并与自己比较。他们喜欢与异性交往，愿意互相接近，相互怀有好感，出现情感上的互相吸引和爱慕。他们会自觉或不自觉地用遐想来达到精神上的满足，如憧憬未来的生活，构想与心目中的异性偶像在一起的浪漫情景，有时会想入非非，迷恋、玩味自己心目中的“爱情”，以满足精神上的需求。

（三）在异性面前表现出紧张和兴奋

青少年发现自己的确有很多地方与异性不同，发现异性也很注意自己，希望自己在异性面前表现得更出色，展示自己的聪明才智和独特风采，以吸引对方。男孩在自己喜欢的女孩面前，做事特别卖力，努力呵护对方，希望在自己心仪的女生心目中成为英雄和崇拜的对象；女孩通常以文静、庄重或矜持等方式展现自己的女性美。青少年的这种心理状态又怕被对方发现，因此往往过于紧张、压抑，反而表现出害羞，甚至举止失态。有时弄巧成拙，可能损伤自尊心。

其实，青少年在与异性朋友的接触和交往中，双方都会感到有一种相互吸引的力量。其原因有外在的因素，也有内在的因素，还有感到两性互补的愉悦和满足。

其实，青少年相处，体验到爱情的萌芽，不过是恋爱的初步尝试，这种情感一般不发展为肢体的亲密关系。同时，这种情感具有脆弱性，难以持久。

二、性欲望与性冲动

性欲望是一种渴望获得性满足的心理体验，性冲动是性兴奋不断积累而准备行动的一种心理状态。性冲动产生的生理基础主要是性激素的作用；性冲动产生的社会因素主要是媒体刺激和成年世界性文化的影响。青少年要科学地认识自己的身心发育规律，正确对待正常的情感状态，同时要学会自我控制，增强对性欲望和性冲动的驾驭能力，以保证性心理健康和行为符合安全、健康的要求和社会规范。面对性意识的发育和性能量的积蓄，青少年应注意以下方面。

（一）学习科学的性知识，建立正确的性观念、性态度和道德责任感

人的性行为不仅涉及个人的生活，而且会对他人和社会产生影响。性与爱不是一回事，爱不仅是获得，而且是给予；爱需要丰厚的投入，需要承诺和奉献；爱情是两心相悦相许。因此，爱情绝不应当仅仅是出于生理需求的轻率行为，随意的、即兴而来的肢体亲密关系不能代表爱情。

（二）要自觉抵制“黄色公害”

青春期是性道德的学习训练期和实践期。有良好的性适应能力和性自制能力，才能应付复杂的社会文化环境。色情文化中所传播的性已脱离了正常与健康的人类性爱，它宣扬的是无爱情的、不真实的、非人格化的性行为，并且往往充斥对女性的偏见、蔑视和对暴力的颂扬。

（三）积极参加有益的集体活动

青少年对异性充满好奇心，这时鼓励集体交往十分有益。

由学校或团委组织的文娱、体育活动，满足了青少年的交往需求，可缓解男女生个别接触的渴望。因为集体交往可以安全自然地使他们的心理需求得到满足，使性压力得到释放，使性心理得到平衡。

青少年若有“一对一”个别交往的现象，并不是什么大逆不道的事。只要把异性友谊建立在相互学习、相互鼓励的目标上，以促进知识增长和身心健康，使青春友谊成为个人成长中的积极因素，就是有益的。

什么是性病？如何预防？

很多人看见街头巷尾电线杆上写有治阳痿早泄等，以为这就是性病。其实，阳痿早泄只是男性性功能障碍，不是性病。性病的全称是“性传播疾病”，主要是与性行为有关的疾病。

目前，被列入性传播疾病的病种已达60余种。性传播疾病的病原体种类繁多，包括细菌、病毒、真菌和寄生虫等。20世纪80年代初，性病里又增加了一个致命的“杀手”——艾滋病。在我国，感染性病的人数逐年上升。青少年应该了解一些性病的知识，做到防微杜渐。

一、性病的四种传播途径

（1）性传播。健康的人与患者进行性接触时，很容易使健康的人受到感染。

（2）间接传播。少数病原体可以通过间接途径侵入人体，如被污染的内衣、厕所马桶座、公用浴盆等。

（3）母婴传播。有些病原体可能在妊娠或分娩过程中使胎儿感染。

（4）血液传播。即输入了不洁的血液或使用了不洁的注射器。

二、五种常见的性病

（一）艾滋病

艾滋病是20世纪80年代初才发现的一种新的性传播疾病。由于发现的时间晚，更由于病毒特殊的潜伏方式，尽管各国科学家都在加紧研究攻克它的药物，但目前确实还没有找到治愈的办法。

艾滋病病毒首先侵入血液中的淋巴细胞。淋巴细胞是人体的一道

“防火墙”，它能使人体产生免疫反应，拥有防御功能，抵抗外界微生物的侵害。艾滋病病毒是以耗竭淋巴细胞的方式，一块一块地“拆除”人体的“防火墙”，从而破坏人体的免疫功能，出现免疫缺陷，故医学上又将艾滋病病毒称为免疫缺陷病毒。一旦人体的这道“防火墙”被病毒杀手“拆除”，人体就丧失了防御功能，自然界中最弱小的微生物也能轻易地入侵人体，引起感染性疾病及肿瘤，表现为多发性淋巴结肿大、体重减轻、发热、腹泻、乏力、盗汗等。

面临艾滋病病毒的侵害，人类目前尚没有很好的方法来对付它。因此，预防是当前最重要的措施。性接触是艾滋病病毒原始的传播方式，要避免与带病毒者的性接触。安全套的使用是不得已的措施，但并不是绝对安全的措施。艾滋病病毒还可以通过血液和母婴垂直传播。其中，静脉注射是吸毒者间艾滋病病毒的常见传播途径。毒品注射不仅是向体内输入了毒品，也可能带进了艾滋病病毒。使用血液制品的安全取决于多个环节，有时个人很难防范，医疗卫生部门应警钟长鸣。

艾滋病病毒虽然凶悍残忍，但它一旦离开人体这个生存环境，暴露在自然界中，就会很快死亡。从这个意义上来说，它又是一只“纸老虎”。相信在不久的将来，人类一定能制服这个凶恶的“杀手”。我们目前所能做的是洁身自爱，杜绝一切冒险行为，这样艾滋病就与你“无缘”相遇了。

（二）淋病

淋病是当前患者人数居于首位的性传播疾病，是一种泌尿生殖系统的传染病。淋病的病原体为淋病双球菌。病症主要表现为尿道刺激症状和尿道口溢脓。男性感染后一周内，阴茎会排出白色脓状分泌物，并有尿急、尿频、尿痛等症状，还有龟头发炎，然后波及包皮，使尿道口变得又红又肿。女性感染淋病后有外阴红肿、排尿灼痛、尿频等现象。

淋病可能导致并发症。男性若不及时治疗，可能引起附睾炎、睾丸变大肿痛或慢性前列腺炎、尿道狭窄、排尿困难、肾脏机能受损等；女性可能并发前庭腺炎和输卵管炎，甚至整个盆腔化脓感染。

（三）梅毒

梅毒是一种症状复杂、病程较长、相当可怕的疾病，若不治疗会导致死亡。

早期梅毒病菌主要侵犯黏膜和皮肤，晚期可侵犯身体许多脏器，特别容易侵犯心脏和中枢神经系统。梅毒感染 10 天内，细菌侵入患者有过性接触的部位而形成硬下疳，可发生在口腔或肛门，此时传染力最强。硬下疳在 5 个星期内会自动愈合，但未被消灭的少数病原体潜伏下来，通过血液，在全身到处活动，引发二期梅毒。这时，身体会出现各种症状，如皮肤上出现扁平而稍凸起的红斑，肛门或生殖器附近出现潮湿的疮口。患者出现发热、头痛、头晕、全身乏力、掉头发及骨痛等症状。三期梅毒表面看不出迹象，其实已损害到内部器官和脑、眼等。到了末期，严重损害中枢神经系统和心脏，病人可变成残疾或出现精神错乱。有的病人还会发生梅毒大动脉炎、梅毒性痴呆、脑血管性病变等，直至死亡。

梅毒90%以上是通过性行为直接传染，输入病人的血液或接触病人的衣服、用具等也可能被传染。

（四）软下疳

其病原体称为沙眼衣原体。病症为生殖器表面发生多处剧痛性溃疡，并伴有腹股沟淋巴结化脓性炎症。患者以女性居多。男性多发于包皮、阴茎、龟头、肛门，女性多见于阴唇、阴蒂、尿道、宫颈和肛门。软下疳主要通过性行为传播。

（五）尖锐湿疣

其病原体称为乳头状瘤病毒。病症主要表现为外生殖器及其周围出现典型的疣状丘疹，易发生糜烂渗液，触之较易出血。在相互融合的裂缝中常有脓性分泌物，有恶臭，局部有瘙痒。男性患者多见于龟头、阴茎冠状沟及包皮内侧；女性患者多发于小阴唇、大小阴唇间、阴蒂周围以及尿道口、阴道黏膜、子宫颈。男女的肛门及肛周交界处也是尖锐湿疣常见发病部位。尖锐湿疣也主要通过性行为传播。此病可导致癌变，故应及早治疗。

三、免遭性病侵害应采取的措施

(1) 做到洁身自好，在没有准备好安全措施之前，不发生性行为。

(2) 为杜绝血液传播，应使用一次性注射针头，保证输血时的血液卫生。

(3) 不要与别人共用易被污染的用具，例如剃须刀、牙刷，也不要与别人混穿衣服，尤其是内裤。

(4) 自觉抵制“黄色公害”。

青少年对同性崇拜是正常的吗？

有一个初三的男同学求助，说初二上学期有个女孩对他不错，后来发现女孩有很多缺点，对她特别失望，就“分手”了，心理压力很大。再加上同学们老是起哄，说他长得像女生，走路的样子更像女生，因此他特别难过。于是，他就尽量表现得男子气十足，经常故意打架、骂人，甚至和老师对着干。初二下学期，他开始注意班里的一个男生，他人很好，长得高大威猛。他非常崇拜这个男孩，因为他自己身上缺少的东西那个男孩都有。他经常会想念这个男孩，而且控制不住地想和他在一起。因此，他很害怕，不知道这种心理是不是同性恋的表现，自己是不是同性恋。

其实，这并不一定是同性恋的表现。青春期男孩女孩都有可能因为一些身边的事情或自身的行为习惯而表现出性倾向不确定的状态。

有专家认为，青春期是一个性倾向相对模糊、有待明确的时期。从模糊走向明确，是一些男孩女孩的必经之路。

这个初三的男同学并不是一开始就对男生感兴趣，他的性倾向模糊首先来自对那个女生的失望；其次是同学对他性取向的“干扰”；再次是他急于塑造自己的男子汉形象又遭遇失败……当这些因素共同起作用的时候，他才去注意一个在自己看来是真正男人的同学。可见，他的性倾向模糊与周围的环境、自己的感受和改变行为的动机等有着密切的关系。

碰到类似情况，需要了解和关注以下几个方面。

一、正确认识自己、评价自己，克服自卑心理

有些男孩崇拜英俊潇洒、健美强壮的男人，主要是认为自己外表缺乏阳刚之气，性格方面也比较柔弱。在强壮的同性面前，不必自卑，而应认识到，未必每个男人都健壮，但每个男人都应阳光、健康。在欣赏他们的同时，要为自己的未来设计一幅美好的蓝图，当然不仅是外表，还应当有丰富的内心世界。

二、学会在人际交往中找到自己的位置

如何与周围的同性平起平坐，不自卑、不退缩，如何在异性面前潇洒自如、展现自信等，都是青少年必须修炼的人生课题。与异性交往比与同性交往要困难得多，必须克服恐惧和自卑。如果能够发挥自己的优势特长，展现自信，积极主动，往往更容易在集体中得到接纳和认可。

三、对两性关系问题要独立思考，提升认知

男性和女性有什么不同？社会对男女的行为规范各有怎样的要求？这些要求是合理的吗？如何欣然接纳自己的性别？这些问题的答案，可以通过观察周围的人，也可以通过与同学、朋友讨论，向自己信任的人请教，或是到科学著作中去寻找答案。如果对这些问题有了明确的认识，就能帮助自己摆脱困惑。

同性恋到底是怎样形成的，目前还没有肯定的答案。但以下三种原因都有专家认同：一是与基因有关，因为有些人的同性恋倾向，从童年早期就开始了，或许早在母体之中，在胚胎分化时期受到性激素变化的影响所致；二是与家庭环境有关，家庭成长环境因素也被认为是同性恋形成的重要原因之一；三是后天习得、学会的，这说明环境

影响对同性恋的形成有一定作用。

其实，现实中有不少青少年存在着“同性恋恐惧”，其实质是对自己长大的恐惧和不安。他们在潜意识中对未来充满担忧，对生活缺乏自信，这属于青少年心理发展中正常的、暂时性的心理偏离范畴，是可以通过正确引导和提升认知而改善的。

爱看裸体画是否就是心理变态？

有位同学来信说，在老师和父母的眼里，他是一个乖孩子。然而，他却常常陷入自责的深渊，感到自己内心深处的丑陋。原因是从初二开始，他渐渐迷上了裸体画和雕塑。每次到博物馆去参观，他对其他的展览品都不屑一顾，总是专注于裸体的东西。旁人用异样的眼光看他，他一阵羞愧，马上面红耳赤，都不敢抬头。然而，过了一段时间他又控制不住再次去看。有时，他走在街上，看到迎面走来相貌姣好的人也会联想：他（她）的裸体一定还不错。他问自己是否真的有些“变态”。

其实，进入青春期的孩子，由于生理快速发育、性意识萌动，开始关注自己的身体，关注他人的身体，往往会对男人、女人的性征特别敏感，会情不自禁地对裸体好奇。但裸体并不一定意味着色情和淫秽，对裸体关注也并不一定表明内心低级下流。

问题不在于看什么，而在于怎么看。如果仅仅陶醉于性冲动，沉湎于性行为而不能自拔，则大脑神经分泌的递质最终将引发生殖腺的兴奋。若懂得引导自己的眼光，则可以用文明的规则驾驭自然的冲动，逐渐在生命活力与修养情操中间找到平衡，这便是人性的觉悟、情感的升华。

看到异性想入非非正常吗？

一个初三学生来信说他看了黄色书刊后，脑子便萌生邪念，看到漂亮的异性时，脑子里时常情不自禁地想入非非。事后他很懊悔，羞愧难当。

其实，这位同学所说的“邪念”，在心理学上被称为“性幻想”，属于正常的性心理现象，不必自责。性幻想是所有性现象中最为普遍的，很难想象什么人会没有这种心理。性幻想中还会伴有相应的情绪反应，由此获得一定的性满足。对进入青春期的孩子来说，性幻想是正常的性生理和性心理现象。

但是，承认性幻想是正常的性心理现象，绝不是说我们应该沉湎其中。青春期孩子面临毕业，需要做的事情很多，因此我们建议：

一是别太把性幻想当回事。有时候想了就想了，不必为此而自责。对性幻想这件事淡漠一些，这一点很重要。

二是平时注意把自己的精力集中到学习和其他丰富多彩的活动上去。人的大脑活动有一个特点，就是同一时间只能有一个兴奋中心，这就是平常说的“一心不可二用”。当我们满怀兴奋地去做那么多事情的时候，性幻想也就“不辞而别”了。

三是拒绝黄色书刊及视频。那些书刊和视频对青少年有很强的挑逗、刺激作用。

这位同学能够勇敢地来信，说明他已经开始自救。想必他也有信心坚定地改变自己。

意外怀孕怎么办？

一位 17 岁的女同学在男友的一再要求下，与其发生了性关系。由于当时完全没有考虑到会怀孕的事，也没有采取避孕措施。两个月后，她有了妊娠反应：月经停止、恶心、疲倦、食欲不振。她很害怕别人知道，又不知道应该怎样处理，很无助。

我们建议她：

（1）千万不能“病急乱投医”，千万不要去找所谓的“民间医生”偷偷解决“问题”。一些私人诊所卫生条件不能保证，流产手术的器具如果未经严格消毒，很可能引起细菌感染，还有可能感染肝炎病毒或艾滋病病毒。如果手术操作不当，还有引起大出血的危险。一定要去正规的医院妇产科就医！

（2）去医院时必须有监护人陪同。手术后子宫有伤口需愈合，一定要休息充足，并保证足够的营养。

（3）人工流产只是一种事后不得已的补救措施，对身体有一定的伤害。尤其女孩的子宫稚嫩，绝对不宜多次手术。如果不想怀孕，一定要采取避孕措施。安全套能起到一定的作用，如果当时未来得及使用，在事后72小时之内可服用紧急避孕药，而且越快越有效。